我在億萬豪宅當保母

一個底層女孩在頂層社會的窺奇與學習

史蒂芬妮·基瑟
Stephanie Kiser——著　張綺容——譯

Wanted

Toddler's Personal Assistant: How Nannying for the 1% Taught Me about the Myths of Equality, Motherhood, and Upward Mobility in America

獻給外婆
天天給我無條件的愛

獻給萊菈
成長的路上有妳，多幸運

獻給媽媽
做了全世界最難的工作，我卻一直忘記道謝

獻給我們基瑟一家——
爸爸、姑姑、史利米、莉萩、鮑伯・P

1 我們都是有錢人

我在學校外面排隊等著接小孩，夾在好萊塢傳奇巨星茱兒·芭莉摩和前總統小布希的親戚中間，前面的前面排著喜劇演員史蒂夫·馬丁和他太太，因爲距離實在太近，這對名人夫妻檔聊了什麼，我全都聽得一清二楚，但實在聽得很沒勁，我已經看過馬丁和他太太好幾次，早就見怪不怪。馬丁看起來雖然有一點點冷傲，但感覺人很好，他太太則長得超級像劇作家蒂娜·菲，像到不可思議，有一次，我偷聽到其他貴婦竊竊私語，彷彿說人家長得像蒂娜·菲會得罪人，但我可不這麼想。蒂娜·菲是開路先鋒、是國寶，馬丁都七十二歲了，跟哈利波特戴同款眼鏡，能娶到像蒂娜·菲的太太，簡直是賺到，而我就站在他幾步之後，顯然也是賺到了。

東六十四街的這一段停滿了黑頭車，大多是凱迪拉克和雪佛蘭休旅車，兩端街口分別是公園大道和麥迪遜大道，貴婦們肩背愛馬仕包包，身上的行頭至少三十萬*起跳，手上的戒指光彩奪目——精緻的美甲，大大的寶石。紐約市這天沒什麼活動，就只是個尋常的星期二下午，但對於聖公會幼稚園（The Episcopal School）外頭這群花枝招展的貴婦來說，過日子就像在走秀。

這群貴婦雖然未必有出眾的容貌，但是無所謂，就算運氣稍差、老天不賞「臉」，多費心打扮打扮就得了，有的足蹬Jimmy Choo高跟鞋（鞋跟高十二公分）在街上走，看得我目瞪口呆，有的穿著皮褲，也不看看時間（拜託，現在是平日下午三點耶），而且，貴婦好像都對陽光過敏，清一色戴著粗框墨鏡，藏住眼睛。有位貴婦提著香奈兒購物袋，我假裝不經意往裡頭看了看，不管袋子裡面裝了什麼，我都想要。這些貴婦隨便一枚鑽石耳環的錢，都比我所有戶頭的財產加起來還多。

「喔，天啊，愛麗，妳今天好美喔！我們上次見面是什麼時候？」我一轉頭，正好看見兩位沒在上班的貴婦互相擁抱，抱得很僵，分開的時候，彼此的卡地亞手環碰得叮噹響。

「暑假過得怎麼樣？」愛麗問。「有出去玩嗎？」

我在學校看過愛麗幾次，每次都先看到司機把超大臺的Range Rover停在路邊，過了一會兒就看到愛麗下車，腳踩華麗的Christian Louboutin高跟鞋，扭腰擺臀、大步大

＊編按：為方便讀者理解，書中所有金額數字皆依出版時的匯率換算為臺幣呈現。

步，美髮師吹整過的秀髮在風中飄散，一路走進家長等候區。愛麗長得不漂亮，甚至稱不上好看，但你的視線就是沒辦法從她身上移開。

「當然有！八月有出去。」

所謂「出去」，指的是離開上東區，到紐約人的後花園「漢普頓」＊去。

愛麗提到一位名人也在蒙托克置產，就買在她隔壁，接著又說在蒙托克認識了一位富豪，兩人還一起喝了幾杯。愛麗的閨密說自己訂到全世界都在搶的快閃餐廳，隔壁桌還坐著碧昂絲和Jay-Z，但她卻沒認出來，說到這裡，她傾身向前、坦白承認：「說真的，我根本不曉得他們是誰！」愛麗和閨密哈哈大笑，接著閨密問起愛麗的老公，我聽說愛麗的老公整個七月都在家辦公，所以夫妻倆很幸運可以一起過暑假，許多貴婦只有週末才能見上老公一面，這一點愛麗很清楚。

像這樣的對話，天天都在接小孩放學的貴婦之間上演，我已經聽了上百遍，聽到都能猜到話題會怎麼收尾。貴婦的暑假雖然各個不同，但有一點愛麗和其他貴婦都異口同聲。

「今年南漢普頓超級塞——眞要命。」

「就是說啊，」愛麗嘆了一口氣，「出個門比待在家裡還難。」

儘管吃了那麼多的苦，但貴婦就是貴婦：明年六月還是會受苦受難，回到位在漢普頓的濱海別墅。

貴婦的委屈儘管可笑，但我就是愛聽，一邊聽一邊想：如果我得操這種心，日子會是什麼滋味？老天爺！肯定甜滋滋的啊！

前面傳來一陣笑聲，一群保母擠在隊伍最前頭，我很好奇是在笑什麼，對啦我就是幼稚，死拚活拚也想要拚進保母的小圈圈。過去幾個星期，無論我跟誰對到眼、對誰微笑、找誰攀談，通通都被無視。我雖然考慮混進保母的圈子，但立刻察覺：比起愛麗跟我打交道的機率，保母歡迎我加入的機率也沒有比較高，一邊是典型的紐約上東區貴婦團，一邊是典型的紐約上東區保母團，我無論去哪邊都格格不入，最後的下場就是半個朋友都沒有。

「對了！妳上過崔西．安德森的健身課了嗎？」

「還沒耶。怎麼樣怎麼樣？」

「跟妳說，上完人生都不一樣了，臀部翹出新高度，而且年費才四十萬。」

三點半。身高一九五的保全打開厚重的實木校門，接著站在校門旁邊，一邊讓我

＊譯註：漢普頓（Hamptons）是濱海渡假區，距離紐約市區兩個鐘頭的車程，位於紐約州長島東部，由西向東包括南漢普頓（Southampton）、布麗姬漢普頓（Bridgehampton）、東漢普頓（East Hampton）、蒙托克（Montauk）等知名小鎮。

們進入幼稚園，一邊小心翼翼打量所有人，像極了我週末在米特帕金區看到的夜店圍事，只差保全沒有攔下我不讓我進去，還有就是來接小孩的人大多很清醒，而這位幼稚園保全善盡職責、慎重其事，畢竟他保護的可是全美國身價最高的寶寶。

一開始我覺得很扯。頭幾次來接露比放學，覺得這裡的保安實在高到離譜，但普通人家的小孩是進不了這所幼稚園的，除非爸媽是政客、名人、體壇明星，這種人家的小孩享有的殊榮，我至今還是搞不太懂。走上通往中班教室的臺階，我努力回想自己第一天上幼稚園的情景，終於，我想起來了：我根本沒上過幼稚園。

露比蹦蹦跳跳到我身邊，一碰面就問我能不能去公園玩。我們一面走下臺階，她一面細數最愛哪些遊戲設施，我跟在後面靜靜地聽。走出校門，我牽起露比的手，沿著第五大道走過八個街口，一路上都是整潔明亮的高樓大廈，腳下的人行道一塵不染，紐約市髒得出名，唯獨第五大道乾乾淨淨，光著腳走路也不用怕。

十月初的日子。距離我大學畢業已經過了半年，這是我住進紐約的第四個月，我一邊送露比回家一邊想：能找到這份工作真是太幸運了。

我住的公寓在東哈林區，雖然治安堪慮，但室友萊菈是我最好的朋友，我們從高中就玩在一塊，每到週末就窩在我外婆家的破沙發上追《唐頓莊園》，畢業之後到處造訪紐約最潮的夜店。在我看來，我真的是鵬程萬里了。

搬進紐約兩個月後，聯邦政府開始通知我還學貸，每個星期寄電子郵件來提醒我有這麼個大包袱。我的學貸負擔超級重——買兩部新出廠的ＢＭＷ還有找。十八歲那年，我申請了七位數的學貸，當時我經手的錢最多就幾萬塊，對錢沒概念，自然覺得不痛不癢。

我卯起來想找一份既能養活自己又能按時還學貸的工作，所有娛樂圈能面試的崗位，我幾乎都面試了一輪，多虧我大學還主修電影和電視創作，出了社會一點用處也沒有。我想寫電視劇本，夢想成爲莉娜．丹恩或葛莉塔．潔薇*的接班人。

我整個大四都在獅門影業一位王牌製片底下實習，成天讀著源源不絕的劇本、幫劇本打成績，工作起來超級帶勁，覺得自己天生就是做這一行的料。畢業後，我來到紐約接受人生第一場面試，才知道娛樂圈基層的起薪比大多數的速食店還要低。

好萊塢是用錢堆出來的，那些錢都到哪裡去了？我在猜：如果李奧納多拿了十億片酬，幕後人員能分的錢大概少得可憐，反正資深助導說怎麼分，大家也只能摸摸鼻子。

---

*編註：莉娜．丹恩（Lena Dunham）身兼執行製作、編劇、演員，曾以影集《女孩我最大》榮獲八項艾美獎提名，贏得兩座金球獎。葛莉塔．潔薇（Greta Gerwig）是演員、編劇、導演，代表作《芭比Barbie》《她們》《淑女鳥》皆叫好叫座。

我決定遷就職場，應徵公關公司的臨時工，一方面薪水比較高——雖然也高不到哪裡去，但應該夠我生活——二方面多多少少能發揮創意（但未必是我原本追求的那種創意）。

上班沒多久，學貸冒出頭來打招呼，這下就算是公關公司的薪水也不夠支應。每個月四萬七的薪水，只夠我吃東西、付房租、搭地鐵，還有最重要的，修眉。學貸通知一寄來，我立刻領悟：就算我不吃不喝、走路上班、自己修眉，攢下來的錢還不夠還學貸的一半。我快速心算了一下：每個月至少要賺八萬多！嚇死人了！

後來，我發現只要替有錢人工作，就可以不用爲職涯起步的低薪發愁，因此，我立刻抓住機會。

帶小孩是我想都沒想過的工作，但比起面子，活下去更重要，所以……本來還是社會新鮮人的我，就這麼當起了寶寶的私人助理。

走到第九個街口，露比在東七十三街停下來說想買冰淇淋。

「什麼口味？」我問。

「薄荷巧克力。」

露比每次都選一樣的口味，但薄荷巧克力是我最不喜歡的。露比媽不太反對點心，總是會留現金給我，露比隨時想吃什麼都能買。冰淇淋在我小時候是稀罕的奢侈，就跟遠足一樣沒辦法常常有，但還是有例外。

我爸跟我媽分居的那陣子，他在一間工廠當技師，星期五輪到他來照顧我和我妹，恰好星期五也是發工資的日子。

「一人一百五十塊。」爸爸說著帶我們走進沃爾瑪大賣場，那感覺就像一生一次的失心瘋大血拚，我通常都買些沒用的東西，像是美甲貼片、一袋十五支的ChapStick護唇膏，最後再走去冰淇淋店，這時爸爸會掏出信封袋，裡頭裝著他拿支票去銀行領的現金，我和妹妹每次都選「餅乾麵團」——冰淇淋就是要點這個口味啊！

但露比跟我不一樣，只要天氣不冷，她幾乎天天都有冰淇淋吃。這天放學後，我們在中央公園的草地上跑跑跳跳，接著坐在船屋餐廳看遊客划船，就這樣度過了好幾個小時。紐約對我來說還很新鮮，我看著遊客到處拍照，不敢相信自己竟然已經不是過客。我帶露比從中央公園走回家，路程雖然短，但露比卻看見（懂挑位子的）冰淇淋車，立刻興奮大叫。我滿手抓著餐巾紙，露比在我眼前蹦蹦跳跳，愈蹦愈遠，忽然間，我的手機震了一下，我一邊從屁股口袋抽出手機一邊喊：「露比，等一下！」

我瞥了一眼螢幕，看見我媽傳訊息來，雖然很煩，但也只能點開，如果我遲遲不讀不回，我媽一定會一直傳一直傳，她這人什麼都不懂，就是執著。

妳爸把浴室拆了要重新裝潢，但我們沒錢買新馬桶，可以跟妳借六千五嗎？去外面上好麻煩。

我嘆了口氣，把手機塞回口袋，門房幫露比和我開了門，我們走進照明昏暗的門廳，一邊等電梯，我一邊看著搖曳的燭光照著一幅鑲金框的畫，畫本身不怎麼樣，但裱框裱得很漂亮，又給擺進了高檔的房子裡。這幅畫跟我，真像。

我曉得自己在很多方面都稱得上歹竹出好筍，費盡千辛萬苦才爬出混亂的童年。我媽的簡訊雖然短短幾個字，卻打開了我的記憶水閘，被我鎖住的往事如洩洪般湧現，我想起了小時候、想起了自己的出身，想當年我爸媽都還太年輕，成熟不足、責任有餘，一家人住在破爛的公寓裡，沒有保母，沒有陪玩姊姊，外婆一邊照顧我，一邊照顧自己老邁的父親。我的衣服和鞋子都是從平價百貨Kmart買的，而且還是分期付款，衣服和鞋子塵封在貨架上，等到付清才能取貨。我們全家（包括我）都很愛尖叫，罵髒話從不嘴軟，我才三歲就對我媽比中指，而且有圖有真相。

帶著露比，我吃的是精品超市Dean & DeLuca的頂級老饕三明治，搭的是Uber，逛的是紐約知名的博物館和美術館。我的童年是日復一日的債主上門，寵物怎麼養都活不過幾個月，三餐分量有限，我妹和我常常餓著肚子上床睡覺。

這樣的我，竟然可以待在這樣的地方——做這樣的工作，光想到還是覺得腦筋打結。

電梯咻一下來到六樓，露比一進門就大喊媽咪，紗夏立刻從大廳另一頭趕來，精緻的拖鞋走起路來沒半點聲響。

「媽咪來嘍。」紗夏對露比說。

紗夏先將露比擁入懷裡，再問露比今天過得怎麼樣，一舉一動都散發著滿滿的愛意。老是目睹別人家最親密的時刻，感覺好奇怪，而且總讓我渴望那些我人生中根本不曾存在的親密時刻。我把這念頭甩開，並且說服自己：反正這麼溫柔的交流我根本無福消受。

在上東區的貴婦中，紗夏絕對是奇葩，長得美，頭腦好，才三十五歲就有錢到爆，爸爸媽媽都是耶魯大學畢業，紗夏也是，紗夏的老公也是，她那隻小拖把似的哈瓦那犬如果去考，我保證也一定會錄取。紗夏雖然不用上班，但任職的募款委員會比我知道的募款委員會還要多，這算是上東區特有現象：富家女讀了十幾年的書，考進普林斯頓、史丹佛等名校，取得學歷後卻不用找工作；對這些富家女來說，受教育不是為了賺錢，而是為了彰顯身分地位。職業婦女在上東區很罕見，而且通常不受青睞，在貴婦圈中敬陪末座。

紗夏的學經歷加上家族的名氣，讓她在社交圈如魚得水，別人想學也學不來，但紗夏總是會客客氣氣跟我打招呼（我則眼睜睜看著其他貴婦說三道四），再將注意力快速轉移到大寶、二寶身上。

究竟「好」媽媽是什麼意思？自從我開始帶小孩之後，這個問題就一直在我心頭打轉，看來女人樣樣都能兼顧的想法，終究——只是想法。我每天都會遇見形形色色的媽媽：有的是女強人，位高權重，年薪驚人，有的是怪獸家長，對小寶寶的餵奶時間「分秒必爭」。可是，我還是沒找到養出天使寶寶的祕訣，也還是沒遇到完美的媽媽。

紗夏近乎完美：她熱衷當媽媽，全心全意無私投入，唯一有問題的地方大概就是僱用我——二十二歲、徬徨失措、連自己都討厭自己——來幫她帶小孩。

我幫露比把書包裡的東西拿出來，拿到一半突然決定借錢給我爸媽，一來我爸會還我，二來這種請託不能拒絕，我已經搬出老家了，新馬桶買了我也用不到，想到這裡就覺得很安慰，因爲老家的浴室連個洗手乳都沒有，而且毛巾全是破洞。

如果我需要上廁所，可以使用第五大道的浴室，裡頭是鏡面牆和黑色大理石，備有奢華護手霜，還有無可挑剔的厄瓜多女傭，她把馬桶打掃得乾乾淨淨，將捲筒衛生紙的第一段摺成小三角形。

2　寶寶守護者

每次有人問我怎麼會幫人家帶小孩，我都老實回答：完全是意外，很慘的意外。當時剛入秋，我奇蹟似的拿到面試機會，戴著白手套的門房幫我開了門，我溜了進去，完全不曉得自己二十歲的青春即將扭轉。

「杭特大約十點的時候會小睡一下，通常睡到十二點左右，這我會寫下來給妳，妳下週一上班可以參考。他可以多睡一點、也可以少睡一點，重點是哄睡的時間要固定，保持一致是關鍵。」

我跟著紗夏在她一億六千萬的豪宅裡兜轉，一邊聽她交代事項。五分鐘前，我才剛拿到這份幫她帶小孩的工作，接著她就帶我參觀房子，才參觀九十秒，我就頻頻分心。我帶小孩的經驗少之又少，頂多偶爾幫忙顧一下、讓大人出門約會，更別說「保母」這個職稱讓我既鬆了一口氣又想找個洞鑽進去。

在公關公司時，我看著公司高層成天西裝筆挺、人手一杯綠拿鐵，不禁好奇自己有一天能不能跟他們一樣。但我跟他們不一樣，我每週只領一萬三千元，而我需要更高薪的工作——不是等我還完學貸之後，而是馬上就需要找到更高薪的工作。二十二歲的我儘管收入微薄，但聯邦政府還是要我在月底拿出三萬多的還款。你見過的千禧世代是什麼德性，我就是那副德性。這下麻煩真的大了，多虧萊菈想出這條妙計。

「帶小孩？」我滿頭霧水。

萊菈跟我坐在廚房餐桌前——房門全部鎖死，連嵌鎖也一併鎖上。我們雖然形影不離將近十年，但才剛住在一起兩個月，對於新環境還怕得要命。我們在紐約合租的公寓位在東一〇一街，搬進來的第一個晚上，就在陽臺聽到「砰砰砰」的聲響，我們緊張兮兮互開玩笑說該不會是槍響吧，接著又互相安慰說是煙火、是煙火啦。幾分鐘後，窗戶外就傳來警笛聲。

「你大學也幫人家帶過小孩啊，乾脆先帶一陣子試試看？」萊菈指的是週六夜的演奏會。我們學校餐廳會發餐卡，如果點數用完，我就會在週六夜幫人家顧小孩，好換取現金度日。我對帶小孩毫無興趣，但如果不帶小孩，我就只能離開紐約——我爸媽就是這樣唱衰我的，而這世界上唯一比換尿布更糟糕的事，就是告訴爸媽：被你們說中了。

「妳知道紐約有多貴嗎？」我說要搬去紐約，我爸立刻質問。

我們站在高速公路的路肩上，中間隔著引擎蓋，我的車子開到一半熄火，我爸下車胡搞瞎搞，想讓引擎起死回生，我本來坐在車上，頭、手伸出車窗外，手上握著奶油刀（我爸教我用來發車——我搞丟車鑰匙太多次了）。

他每胡搞瞎搞一陣，就會揮手要我催動引擎，不知道催到第幾次，我們就吵起來了。「你又知道了？」我回嘴：「你這輩子去過幾個地方？七個州吧。」

「隨便啦，傻妞，紐約髒兮兮又滿地罪犯，誰去誰被搶，被搶完還在星巴克那邊寫詩哭爸，妳愛去就去，那裡幾十億人，妳就看妳怎麼找工作吧。」

「你不可能什麼都知道吧。」我說。

「小朋友。妳才不可能什麼都知道吧。」

我們各說對了一半。

萊菈的建議讓我躍躍欲試，我估算了一下，或許可以用帶小孩的薪水來補貼公關工作的不足。至於保母這一行到底有多賺錢，我一點概念也沒有。

紗夏開出的薪水，比公關公司給的整整高出一倍，我一邊頭昏眼花，一邊努力跟上她家那井井有條的行程表裡的所有重要細節。接下來幾個星期，我需要留意杭特的乳糖不耐症和露比每週的午餐同樂會，還得記住所有小兒科醫生的名字、傭人的名字、門房的名字。偏偏她家的玄關掛了一幅一百六十萬的畫，我只顧著想是不是在現代藝術博物館看過？無法集中注意力去聽紗夏到底在說什麼。

「這是露比的房間。」紗夏說著，我跟在她身後走了進去。

花卉壁紙像包禮物那樣包裹著整間房間，我伸手摸了摸——跟天鵝絨一樣光滑。房間的角落有一張白色小床，床上擺滿了絨毛動物和玩偶、披著一條羊絨被、擺放著蓬鬆的枕頭。其他角落則是書架，書架上收藏著經典童書繪本，用訂製的娃娃屋和玩具擋在前面，半露半掩——這世界上所有小孩想要的東西，都在這間房間裡了。露比的臥房和配套的衛浴，加起來的空間比大多數大人的套房都還要大——寬敞、優美、乾淨，而且很舒服，完美到讓人神怡心醉。

「對了，這些都有貼標籤。」紗夏說著，把昏昏欲睡的杭特抱在腰側。

她指著一排光潔的收納箱，解釋著東西如何歸位。收納箱上的標籤寫著：美勞用具、娃娃飾品、樂器，此外，房間裡還有兒童電動汽車、兒童電動機車、兒童保齡球，以及一隻比露比還要大的狗狗布偶。紗夏道歉，說自己是收納控。

「不用道歉，喜歡收納很好。希望妳的收納技巧不會被我帶歪。」說到這裡，我笑了兩下，但一點也不好笑，紗夏的收納技巧不可能被我帶歪，倒是我在她家當了兩年多的保母，直到現在還是每隔幾週就搞不清楚扣帳卡被我「擺」到哪裡去。

紗夏繼續瑣瑣碎碎解釋細節，我匆匆看了露比一眼，她坐在兒童餐桌前假裝倒熱茶——茶壺精美，看上去像眞正的瓷器，雖然是自己在玩，但露比的餐桌禮儀無可挑剔。

「喝杯茶嗎，芭比？」露比問。

「好，麻煩了。」露比壓低聲音回答。

露比的棕色長髮披在黑色毛衣上，只要有一根頭髮落在面前，她立刻撩到耳後，看上去就像名畫裡的人物——漂亮的女孩、精緻的房間。我希望我的表情沒有露出絲毫驚嘆，但紗夏的豪宅眞是把我看呆了，不只是因爲奢華，更是因爲溫暖——這可就奇怪了。我忍不住想：在這裡長大不曉得是什麼感覺？

「史蒂芬妮？」紗夏喊了喊我的名字，將我拉回現實。

「是。抱歉，」我笑了笑，「妳剛剛說什麼？」

「我問妳有沒有其他問題。」

老實說，我的問題可多了。住在全世界最著名的街上是什麼感覺？不用編預算？不用只買過季衣服？家人美好，家庭祥和，走進店裡想買什麼就買什麼，這是什麼樣的神仙生活？愛去哪裡就去哪裡，愛做什麼就做什麼，愛怎麼樣就怎麼樣？儘管我無法想像，但卻一點也不嫉妒，只是一心也想過上這種生活。

當然，這些問題我只藏在心底，眞要問出來未免太失禮。就在這時，露比加入了我們的談話。

「史蒂芬妮，妳要聽老師教我彈的鋼琴嗎？」

「好哇。」我才說完，露比就帶我走出房間。

紗夏家有兩間客廳，我們走進稍微沒那麼拘謹的那一間，露比端正坐在鋼琴椅上，臉上掛著大大的微笑，一臺山葉鋼琴擺在古董家具之間，我自顧自地想：這景象如果拍下來登在高級居家型錄上，可能都嫌太優雅。

我想多認識露比一點，好奇她的才華、她的興趣、她的規矩。才相處不到幾分鐘，我立刻明白露比就是所有準爸爸、準媽媽心中的天使寶寶，原來讓我著迷的不只是露比的生活，眞正迷住我的是露比這個小女孩。

「妳最近愈彈愈好了，露比，」紗夏說：「只要繼續練習，很快就能彈出整首曲子了。媽媽都知道喔。」

露比翻了翻琴譜，我看不懂裡面的符號，想來露比大概也是懵懵懂懂。她臉一紅，深呼吸，兩隻小手彈了起來，彈得亂七八糟，還得再練上好幾年，小手指和小腦袋才能努力保持連線，但沒差，露比有的是資源，而且也不缺鼓勵，總有一天能彈出完整的曲子。我想一想自己五歲大的時候在幹麼，不禁悔恨悲嘆。當年的我如果擁有露比所擁有的一切，我會成爲什麼樣的大人呢？無論聰明才智、情緒管理、社交能力，露比都遠遠贏過當年的我。

「星期一見嘍，」那天紗夏讓我多待了一下，然後才跟我告別：「大寶和二寶好像都很喜歡妳，應該可以無痛轉換保母。」

「太好了。我真的好期待。」

不過小孩就是小孩，有的富，有的窮，有的聰明，有的精力充沛，有的愛笑，有的愛生氣，但通通都一樣。小孩就是難搞。

3 夾腳拖

「不對！」露比爆氣。

「好好好，知道了。」我說。

露比通常都是天使寶寶，今天卻對我大發脾氣。

我們玩得正開心——露比跟我最喜歡把廚房變成畫室，家裡所有的美勞用具都被我們翻出來了（紗夏把整間麥可文具店都買回來收在前廳的壁櫥裡，這樣講就知道她家有多少美勞用具了吧），馬克筆、顏料多到整張餐桌都看不見，地板上鋪滿了海報大的著色紙，五彩碎紙到處都是，連我頭上都有。露比剛剛裝飾好硬紙板做的公主皇冠，跑來請我幫她做一雙紙製夾腳拖。我不曉得露比跟紗夏一起做過好幾次夾腳拖，所以露比想要的夾腳拖有特定的款式，這我怎麼猜得到呢。

「不對不對不對！這樣也不對！」我把改款的夾腳拖拿給她看，她又哎哎叫，突然站起來大喊：「媽咪！」然後就哭著跑走了。

我低頭看了看那雙草草拼湊的夾腳拖，上面用薄薄的膠帶固定著人字形的部分，突然，膠帶鬆脫，整雙鞋報銷。我好像有點明白露比爲什麼覺得這雙夾腳拖不怎麼樣。

過了一會兒，紗夏牽著抽抽噎噎的露比回到廚房。

「不好意思，」我心虛地說：「我不曉得她想要哪一款夾腳拖。」

「妳知道才奇怪，」紗夏說著，對我抱以同情的微笑。「露比，史蒂芬妮是第一次跟妳一起做夾腳拖，知道這是什麼意思嗎？」

露比抹掉一滴淚珠，搖了搖頭。

「意思是說：如果人家不確定妳想做什麼，妳就一個字一個字慢慢說，要有耐心，示範一次給人家看，不然人家會傷心，以後就不想跟妳一起做美勞了。好嗎？」

接下來幾分鐘，紗夏示範做夾腳拖的正確步驟，做好之後再遞給露比，露比高高興興穿上。

「對不起，史蒂芬妮，」露比說：「下次我會更有奶星。」

「是耐心，」紗夏糾正，但露比已經走出廚房，去找她最愛的長髮公主裝。

紗夏看了看時鐘。「可以離開了，史蒂芬妮，也差不多六點了。」

「沒問題，太好了。我收一收就走。」

紗夏每次都說不用收，但我堅持收好才走。帶露比去跟其他小朋友玩的時候，常常看到其他貴婦苛求保母，像是玩具只要碰過就要立刻消毒殺菌，一塊積木都不能放過。還有一位保母的例行收工超級扯：離開之前要把家裡所有的給皂機都檢查一遍，確定裡面是滿的，如果沒有滿，就要倒一點Diptyque香氛洗手露進去，然後才能下班。類似的事情看多、聽多了，我對紗夏的感激就更多了。

搭電梯下樓時，我傳簡訊跟萊菈說再一分鐘。門房幫我開門，我跟門房說明天見，接著往街上瞥了一眼，萊菈已經在等我了，我心裡一陣發窘——還是一陣嫉妒？哪個是哪個，我愈來愈分不清楚了。

「準備好了？」我問完，便一起邁開腳步。

萊菈跟平常一樣穿著律師助理的制服（她在市中心一間法律事務所上班），襯衫款式保守，今天這件是奶油白，很襯她暖色調的膚色，黑色的鉛筆裙剛好過膝，腳上被芭蕾舞鞋磨出的水泡用OK繃貼著，身上的飾品一如往常畫龍點睛：大大的金圈耳環配上一條項鍊。我垂眼看了看自己的保母裝：母校愛默生學院的厚棉T，上面糊著金粉膠水和貼紙。跟同儕站在一起，簡直難堪到永世無法翻身。

「今天好嗎？」萊菈總是這麼問，但我的回答總是千篇一律、枯燥無味。「我們一起做了巧克力豆餅乾，露比本來有芭蕾舞課，但因爲流鼻水，所以沒去上，不過下午就好多了。」萊菈從來不會讓我覺得自己的回答很糟糕，反而拿各式各樣的話來鼓勵我，像是「哇！聽起來是很棒的一天！」之類的，讓我感覺更糟。「別再裝好人了，」我在心裡尖叫：「好好看著！看看我有多沒用！」但萊菈總是用溫柔包容我的沒用。大學的時候，我寫了一本「小說」，內容根本就是《飢餓遊戲》的翻版，只是場景搬到了外太空，但萊菈還是興味盎然一頁一頁讀完。

萊菈認識我的時候還在戴牙套，而我還在跟額頭痘痘浴血奮戰。我是新來的轉學生，在學校沒半個朋友，萊菈則是人氣王——就是那種憑著祖宗十八代的人脈走進學校餐廳，一定和校花校草同桌的人——座位彷彿就在那裡等她。但萊菈人非常好，看不出來竟然這麼狂。

剛開始我們毫無交集，簡直活在平行宇宙，但兩人的南轅北轍，卻莫名其妙讓我們愈來愈靠近。

第一次約好要一起玩的那個週末，我簡直快高興死了。那是星期六晚上，我在羅德島州東普羅維敦斯市的少年俱樂部打籃球賽，場地又髒又熱，萊菈跟我約了要來看球賽，比完再去我家，但比賽時間一分一秒過去，卻遲遲不見萊菈的蹤影，最後終場哨聲響起，我生怕走去場邊找家人，果然，一碰面就被嘲笑。

「嘿，妳的隱形朋友咧？」我爸問。

我正想罵他白目，萊菈就出現了。

「抱歉抱歉，」萊菈一邊道歉，一邊解釋說她媽開車來的路上發生擦撞，「我媽每隔幾個月就會發生交通意外，她開車真的很瘋。」說著萊菈窘笑了幾聲，後來才曉得，萊菈當年說得已經很客氣了，她媽十年內撞爛的車子，比普通人終生撞毀的車子還要多。

我爸死盯著萊菈，彷彿人家有十顆頭。「所以妳剛出完車禍就跑來這裡跟這傢伙一起玩？」我爸指著我說。

萊菈笑了笑，說了聲對啊，彷彿一切都是那麼理所當然。

而今，我們一同呼吸著紐約沉悶的空氣，我不禁對這段友誼心懷感激。萊菈是我唯一的老朋友，從前玩在一起，現在玩在一起，希望未來也能玩在一起，而且，不管是從前的我還是現在的我，萊菈都喜歡，但我卻不喜歡現在的自己，因爲，我忍不住會想：一年前，萊菈和我勢均力敵，兩個大學生一起在波士頓的後灣區散步，同樣擁有不可限量的耀眼未來。如今的萊菈在法律事務所工作，一步一步實現夢想，而我則成天幫沒穿衣服的芭比娃娃編辮子，納悶著利率究竟是怎麼一回事。

「妳呢？」我問萊菈：「今天過得好嗎？」

再過十條街就會到Sprinkles杯子蛋糕店，我們常常相約下班後一起走過去，萊菈跟我都沒什麼錢可以隨便花，我還在努力開源節流，而萊菈的年薪只有一百四十萬（這以曼哈頓來說不算高）。這家蛋糕店賣的「營火晚會蛋糕」上面有冰淇淋和棉花糖餅乾，萊菈跟我可以一人一半，價錢也可以對分，我們都覺得非常划算。

「今天在幫卡麗娜準備卷宗，但感覺怪怪的，我不太相信這對夫妻。」

萊菈的法律事務所專門幫大公司處理信用卡糾紛，萊菈的上司卡麗娜是一位精明能幹的律師，但已經三十二歲了，依然單身，我們常常在猜她有什麼毛病？怎麼會那麼老了都還沒結婚？不過，卡麗娜的工作能力沒話說，而且也認同萊菈的工作能力，只是萊菈常常覺得工作很無聊。

「妳覺得妳會去念法律嗎？」我吃完最後一口冰淇淋，跟萊菈一起走回東哈林區，途中穿過中央公園，時近黃昏，公園的小徑很安靜。萊菈靜靜思考我的問題。

「應該會吧？我爸希望我去念，」萊菈聳聳肩，「我猜我大概會去念。」

「但妳想當律師嗎？」

她歪著頭，臉上帶著一絲不悅，說想，想當律師，一看就知道撒謊。每次萊菈猶豫不決、不曉得該怎麼回答，或是做決定時不太有自信，口氣就會不太高興。

「那妳呢？」她頓了一下之後問：「妳打算當保母多久？」

老實說我什麼打算也沒有，只希望不要當太久，雖然我還是每天寫作，但想維持愈來愈困難，畢竟天天追著小孩跑，跑了一整天，回家後筋疲力盡，寫出來的東西死氣沉沉，文字毫無感染力。我好想找一份體面的工作；電視編劇感覺就很光鮮亮麗，說出來大家都會很興奮，周遭的人也會很佩服。本來我也想進入電視臺，但很快就發現：剛出校門就想進入劇組根本是天方夜譚。原本希望公關工作能鍛鍊我的創意思考，但最後卻淪為在別人家裡幫傭，不管我說得多麼天花亂墜，幫傭就是幫傭，得不到別人半分尊敬。

可是，我隱隱約約覺得自己還是能寫。我要不是愛做夢，不然就是白痴。又或者，我就是個愛做夢的白痴。

「唉唷，天啊！」萊菈的尖叫聲打斷了我的思緒。

「怎樣？」不等我說完，萊菈就指著一團混亂——老鼠從沙坑裡成群成群冒出來在我們前方亂竄，急急忙忙彷彿要去赴約一樣，不僅一隻比一隻巨大、一隻比一隻嚇人，而且數量超級多。萊菈跟我互看了一眼，眼底滿是驚恐，二話不說拔腿就跑。

我們一口氣跑出上東區，在第七十九街的停車場出口放慢腳步。

「哇，」萊菈說：「有夠噁心。」

我開始哈哈大笑。

「有什麼好笑的？」萊菈問。畢竟很少人會把跟老鼠賽跑當成笑話。

「我想到……」我起了個頭，接著又狂笑一陣。「還記得我妹有一次在地下室搞出鼠患嗎？剛剛那沙坑跟我家當時差不了多少。」

4 賽車場

一九九六年。當時我身邊的大人都留著狼尾頭、喝著過量的可口可樂。那年我五歲，我爸帶新女友給我認識，我爸好幾任女友我都看過，但就屬這一任最難忘。她叫雪莉，人很特別。特別賤。

我是我爸媽在外婆的沙發上搞出來的，當年他們都才快滿二十歲。那天是平安夜，家裡沒人，外婆去望午夜彌撒了，我媽堅持要把我生下來，兩人過了不久就結婚，婚姻只撐了兩年，倒也是意料中的事，他們當時年紀都還太小，連法定喝酒年齡都不到，身旁的伴侶像搭旋轉木馬一樣一個換過一個，至於我呢？當然就跟著搭上旋轉木馬嘍。

雖然都一九九〇年代末了，雪莉卻還把頭髮燙成一九八〇年代的樣子，衣服飄著萬寶路的菸味（就連剛洗好的衣服也不例外），而且髒話連篇，又特別愛找我麻煩。我不像其他小孩子，一天到晚巴望著爸媽復合，他們分分合合是他們的事，我爸要跟誰交往我也不管，唯獨雪莉例外。

我爸跟雪莉都是業餘賽車手。某個九月週末，兩人於賽車場邂逅，手頭現金都不多，全都砸在改車上，一改就是好幾個星期，但撞毀卻只要幾秒鐘，這嗜好怎麼看都相當昂貴，尤其一個是工廠技師，另一個是失業的單親媽媽。可是，要我爸不賽車簡直是要了他的命，他痴迷賽車到可以不繳電費、但不能不買化油器，可以典當戒指、以免全新變速器被銀行沒收。賽車是我爸的一切，家裡世世代代都是技師，從小到大不是在賽車場上、就是在修車廠裡。我爸媽雖然動不動就吵嘴，但吵來吵去總不離我爸花光積蓄買一臺不能上路的車，更別提我爸賽車輸多贏少，能擠進前三名就已經偷笑。

我瞧不起雪莉，更瞧不起他們邂逅的賽車場——錫康賽道，裡頭男男女女都油膩，而且大多缺牙。每到週末我爸幾乎都去賽車，而法院裁定星期六是父女會面日，因此，我也常常出現在錫康賽道，我爸去賽車，留我在看臺上，看誰有空就給誰看管，通常都是我爸的車友，有個車友有兒子，叫阿傑，我跟阿傑常在看臺上尋寶，座位底下全是菸蒂和嚼過的口香糖，偶爾運氣好，也能撿到硬幣或吃一半的零嘴，座位上的男觀眾穿著傳奇賽車手恩哈特的上衣，喝著不冰的啤酒，不是忙著下賭注、就是在找人打賭，不然就是在大呼小叫。

不過，如果運氣好，賽車場上可以見到奶奶和姑姑。

奶奶和姑姑身高一五〇，滿頭紅通通的蓬髮（後來奶奶化療，頭髮都禿光了），兩人高中都沒畢業，姑姑甚至多一顆門牙，一直說要拔，但始終沒去拔。

奶奶和姑姑都很寵我（其實也寵不到哪裡去，畢竟手頭都很緊），只要她們來賽車場，我就可以跟攤販買大份爆米花配大杯雪碧。

某個週六夜，奶奶在賽車場大喊：「嘿，小老闆！」

賽車場裡所有人都喊我爸小老闆、喊我爺爺大老闆。爺爺也在同個賽車場賽車，後來肝不好，只能躺沙發。說起賽車，我爸算得上是家學淵源。我曾爺爺排行老大，底下有九個弟弟妹妹，家裡窮，去不起醫院，就算難產也得在家裡生，一共生了十一胎，就屬我爺爺最健康，其他五個沒生好，弄殘了，還有一胎死胎。可能是因爲這樣，我爸才把一條命當成六條命來活。

我對爺爺的印象很稀薄，只記得他總是戴著百威啤酒的紅色棒球帽，又破又舊，也記得奶奶對爺爺超級痴情。我出生的時候，奶奶和爺爺已經分居了，爺爺在普羅維敦斯市跟女朋友蒂蒂住在一間公寓，蒂蒂擁有六隻鸚鵡和零罐清潔劑，公寓裡到處都是鳥屎、菸蒂、空啤酒罐和洋芋片包裝袋。

儘管分居多年，奶奶卻待爺爺如初戀，彷彿新娘子一樣，至於原因是什麼，我實在說不上來。

大家都說爺爺英俊瀟灑，但爺爺走了之後，留下的卻是他玩女人、偷東西、愛喝酒的傳聞。可是，儘管爺爺對不起奶奶，奶奶卻仍舊愛爺爺愛得一場糊塗，就連爺爺三十歲那年被奶奶捉姦在床，床上躺著她十五歲的妹妹，奶奶依然瞎挺自己的老公。

「她穿粉紅色的外套幹麼？」奶奶一邊責問，爸爸一邊把我丟在看臺上給姑姑照顧。「我給她買的那件藍色的呢？」

奶奶只要看見我穿得比較女孩子氣就會生氣，例如衣服有褶飾、顏色太粉嫩。當年超音波照出來明明就是女生，奶奶卻堅持我媽懷的是男生，畢竟孫子才能傳宗接代，就算這一宗不得敬重、無人欽佩、無財無產，這些都無所謂，重點是要生個男的來繼承，女的不行。

我爸聳聳肩，說：「她媽載她來的時候就這麼穿，」說完頓了頓，用下巴指著奶奶手上的菸，說：「還沒戒白長喔？」

「繼續抽又怎樣？再送我個癌症嗎？呿！」奶奶嗤笑。

開始比賽了，我頭靠著奶奶，看著賽車在場上跑了一圈又一圈，改裝賽車真是吵死人，我趕緊摀住耳朵、隔絕噪音，頭上那頂大人尺寸的帽子是我爸要我戴的，說這樣跟他的車隊（其實就是車友）才搭。那是一頂鮮紅色的帽子，正面繡著「基瑟賽車」，我正摸著帽簷，突然一輛賽車撞牆爆炸，車友衝上前將車手救出火場，我拉低帽子遮住眼睛。

「王八蛋！」看臺傳來叫罵聲，我轉頭看見後排有個大叔把飲料往前排一丟，整個人跌坐在地上，臉朝下埋在手掌裡。

「別擔心，」我一邊看，奶奶一邊說：「派特只是選不到贏家，沒事。」

賽車場總是上演著同樣的戲碼：入夜時雖然興高采烈，但這些老主顧的口袋都不深，喝了四小時的酒，再加上十賭九輸，最後看臺上人仰、賽道上車翻，車手和車隊穿著仿皮車衣、擊掌說笑，某位人人看好的車手名列第三，半數的賭客才驚覺自己輸掉了一個月的房租。

看臺上人潮散去，奶奶把我抱到她窄窄的肩膀上，想一想眞的很扯，奶奶這麼小一隻，跟我差不多高，力氣竟然這麼大，非常強壯。奶奶一生辛苦，不強壯也不行。

我一坐到奶奶肩上，整個人立刻往後仰，險些沒害她摔倒。「我不想看到雪莉。」我嗚嗚咽咽道。

「爲什麼？」奶奶問。

我眼眶泛淚。當時年紀還太小，摸不透自己的心情，只知道雪莉讓我覺得爸爸被搶走了，所以我喊道：「因爲我討厭她！」這是我唯一搞得懂的事。

奶奶小小的身體發出驚人的笑聲：「唉唷，妳眞是壞到骨子裡了呢。」

奶奶就愛講這句，話裡的意思我不懂，只知道有奶奶和姑姑在賽車場，我就很安心，感覺像在公園玩一樣，只差這裡沒有攀爬架可以爬，僅有一排又一排的座位可以待著。完賽後，我爸氣沖沖下車，聞著像加油站，開口就是去他媽的什麼爛排氣管。

吃完晚飯回到家，我累到眼睛睜不開，時間很晚了，遠遠超過十點鐘，我一進門就抱著辛巴娃娃倒在沙發上，我爸扔了條羊毛被到我身上，然後轉向我媽。

「嘿，呃，那個，」我爸開口道：「我有話跟妳說。」

「什麼事？」我媽問。

「雪莉的事。」

「吼唷，」媽埋怨道。要說這世界上有誰比我更恨雪莉，答案就是我媽。雖然我媽約會也約得很凶，但始終放不下這段感情，哪像我爸那麼瀟灑。對我媽來說，約會只是消遣，並不打算走到終局，她愛得執著，在這場愛情遊戲裡，她手中的王牌就是我。「雪莉又怎麼了？」我媽笑著問道。

爸爸隔了一秒才回答。當時我媽正在收拾碗盤，一聽到答案，手中的一只盤子碎了滿地，她撿起碎片，我在腦海裡回放我爸的回答。

雪莉懷孕了。

所以往後的日子就是雪莉。雪莉的兒子。雪莉的寶寶。還有我。

雪莉這是要陰魂不散了。

5 教堂閒聊

羅德島州北普羅維敦斯鎮的學前班只上半天課，我媽雖然就在附近的診所當祕書，但放了學卻是外婆來接我，我總是狂揮手直奔向外婆，跟外婆手牽手走過停車場，爬上外婆那輛老別克。

外婆開車載我回我媽的娘家，一進門就先變出三明治餵飽我。外婆的爸媽是經濟大蕭條的受災戶，不論是買菜還是做菜，外婆只記著兩件事：第一、用最便宜的價格買最多的食物，第二、買折價券上的食物。因此，外婆家的東西都很好吃，像是火腿、香腸、冷凍食品、俏女孩夾心蛋糕，但上頭的營養標示都很離譜。

吃完午餐，外公、外婆教什麼，我就學什麼。有一個星期，外婆教我綁鞋帶，照理說這是小事，但我卻怎麼也學不會。我們坐在浴室的地板上，外婆示範用鞋帶抓出一對兔耳朵，示範了一遍又一遍，輪到我的時候，我把鞋帶打了六個死結，直嚷著這樣不對，然後原地崩潰。如果外公在家，就會帶我到院子練習騎沒有輔助輪的腳踏車，我每次都前進不到十公分，真要算起來，我跑回室內貼ＯＫ繃的時間都比騎腳踏車還要多。

外公、外婆教完我，就帶我去曾外公家。曾外公九十六歲，奄奄一息，只能陪我看電視、吃東西。

曾外公會吼外婆：「嘿，茉妹，把迷你蘋果派拿來給我跟這個小妞吃，順便過來把這電視調大聲一點。」

曾外公在林肯鎮有一間汽車修理店，他當了一輩子的黑手，什麼卡車都會修，只要引擎還能轉，他就修得好（甚至連引擎都能幫忙換）。曾外公辛苦了大半生，攢下錢買了這間森林小屋，我六歲以前的平日下午，都在這間森林小屋裡度過。

森林小屋沒有鞦韆也沒有玩具，但曾外公多子多孫，而且孫子大多長大成人，光是外婆的哥哥就有六個小孩，大家來來去去，十分熱鬧。森林小屋裡永遠繚繞著咖啡香，隨時煮好一壺福爵牌咖啡等待不請自來的客人。有一陣子，我熱衷在樹林裡找仙履蘭，找到了就央求外婆用即可拍幫我拍下來。我既沒有請過家教，也沒有學過樂器，我爸媽連想都沒想過要讓我學才藝。

我們在曾外公家待到四點半，五點鐘準時上教堂望彌撒。外婆帶我們走到最前排，往左轉，窸窸窣窣坐進長椅裡，外婆通常都坐在這個位子，我雖然也想學大家的樣子，但座椅實在太硬，我忍不住在長椅底下踢踢蹬蹬，弄得教堂裡砰砰作響。

「史蒂芬妮，不要這樣。」外婆要我安靜。

哎。

我靠著椅背坐好，翻開讚美詩，裡頭的文字跟古埃及文一樣，我看著外婆的嘴巴開開闔闔，努力想搞懂大家究竟在唱什麼。唱完讚美詩，牧師起身嘰哩呱啦說了一大串，外婆邊聽邊點頭。

每次做禮拜都度秒如年。每天五點鐘的彌撒雖然很安全，不像賽車場險象環生，但實在無聊透頂，偏偏外婆三天兩頭就往教堂跑，我也只能跟著。

教堂離外婆家很近，外婆總會在回程的路上問我：「聽見牧師今天講的了嗎？」

「神總會照顧我們？」

「沒錯。只要禱告，神就會聽見。」

外婆的日常離不開信仰，每天不是在教會，就是在上教義問答班，或是在療養院發聖餐，不然就是跪在床邊數念珠，彷彿可以直接跟耶穌通話一樣。在生我媽之前，外婆流產過一次，險些喪命。外婆老愛把這段瀕死體驗掛在嘴邊，說自己怎麼到鬼門關前走一遭，又怎麼讓醫生搶救回來。當時主治醫生正手忙腳亂想穩住外婆的生命跡象，忽然間，外婆看見一束光，聖母的聲音引領外婆回到體內。我媽說外婆加油添醋，我爸不信神，覺得外婆在胡說八道，只有外婆對這段經歷堅信不移。

望完彌撒，外婆準備晚餐，奶油融化的香味飄進客廳，我全神貫注看著卡通《小淘氣》，播到尾聲時，外婆叫我去吃飯。

我坐在外婆的餐桌旁，高高興興吃著她做的牧羊人派，吃到一半，我媽從後門進來，繃著一張臉，劈頭就對外婆一頓抱怨，我左耳進右耳出，專心吃我的派，祈禱自己能在舒適的外婆家過夜，不要被我媽拎到車上載回冷冰冰的公寓裡。

「她原話是怎麼說的？」外婆逼問，那語氣讓我豎起了耳朵。

外婆又往我盤子裡放了一份牧羊人派，我媽見狀縮了一下。沒人知道食物是我媽的心魔，就算知道，也不曉得我媽究竟在糾結什麼。

「老師說她不認識字，」我媽冷冷地說：「原話就是這麼說的。」

「不認識什麼字？」外婆問。

「不認識半個字！」我媽氣急敗壞道：「她什麼都讀不懂！一個字也不認識。」

我媽剛剛跟歐葛娣老師懇談完。歐葛娣老師是我的學前班老師，她跟我媽說我連最簡單的生字都念不出來。

「我女兒的年紀比同學小，」我媽說：「入學的時候才四歲，其他同學都五歲了。」

老師說我的確比較小，但我有問題的不只是閱讀，而是幾乎所有科目都落後，就連念故事給我聽，我也是有聽沒有懂。老師建議我去上早療課程，「或許多一點支持，還有機會能跟上。」

老師說的沒錯。光是學怎麼從一數到十，我就花了比同學多一倍的時間。人家都會寫自己的名字了，我還在記自己的名字要怎麼拼。每次好不容易才搞懂上一課的內容，全班就都學到下一課去了。

「還有一件事，」老師另起話頭，我媽等著老師繼續往下說：「其他小朋友，嗯，他們注意到……」老師愈說愈小聲，「就是，嗯，妳女兒過重，被同學取笑。」

「妳會生氣嗎？」我媽問我，「同學都笑妳胖？」

我說不會。我媽問我爲什麼，我也不拐彎抹角：「因爲我眞的很胖。我很愛吃，所以吃得很胖。」

「有人學得快，有人學得慢，」外婆跟我媽說：「我孫女只是骨架大。妳外公也不喜歡瘦皮猴，不是嗎？」

我媽討厭外婆老是幫我找藉口，但外婆跟我是好朋友，我寧可跟外婆玩，也不想跟同年齡的小朋友玩。

「妳孫女才不是骨架大，」我媽冷笑道，也不管我大聲抗議，硬是把我的盤子抽走：「她體重過重，小兒科醫生跟我們說過好幾次了。」

我媽把我的外套從衣帽架上拿下來，但我左閃右躲，我媽繞著我滿屋子跑，想幫我把外套穿上。

「史蒂芬妮，聽媽媽的話，」外婆好言相勸，但我不聽就是不聽。每天晚上媽媽下班來接我，我晚餐吃飽了，洗澡也洗好了，只剩乖乖搭媽媽的車回家睡覺，但我就是不肯走。我媽工作了一整天，累個半死，晚上也睡不好，因爲我常常不睡覺，差點沒把我媽給氣死。

「我要待在外婆家！」

我就想黏著外婆。我媽永遠搞不懂我在叛逆什麼，但原因很簡單，不是因爲外婆家有點心可以吃、有電視可以看，而是因爲只有待在外婆身邊，我的日子才有規律可言。

6 小小學習

露比和杭特的作息非常規律，兩個小朋友各自有各自的行程表，周遭的大人凡事都得按照行程表走。紗夏每天都會叫他們起床，一直到晚上沉入夢鄉之前，露比和杭特的每一分每一秒都有計畫，他們總是知道接下來要做什麼。如果紗夏需要外出辦事，除了會告知出門時間，也會交代回來時間。露比和杭特天天洗澡、週週上課，而且每個月都會安排跟其他小朋友一起玩，生活過得井井有條。在我的想像中，這樣的規律令人安心。

我每天早上九點上班，露比已經換上Oscar de la Renta的洋裝，頭髮梳得整整齊齊，紮著一條辮子，別著小小的蝴蝶結。平日早晨的露比，比星期日上教堂的伊莉莎白女王還要端莊。我怎麼也想不起來：在我二十二年的人生裡，有沒有哪一刻跟露比一樣優雅？結果還眞的沒有，我根本沒有優雅過。

露比平常都穿這樣去上學。今天這件洋裝繡著棕櫚樹，要價一萬四千元，我爲什麼會知道價錢？因爲幾天前我才親手拆下標籤，把這件洋裝跟一整排類似的洋裝塞在一起，心裡忍不住好奇：就算我真的有錢，會不會願意花幾萬塊去買穿不到一年的童裝？這感覺實在太講究又太浪費了。

「今天計畫怎麼過？」我東西一擺好就問紗夏。

平常都是紗夏帶杭特去預先安排好的活動，我大部分時間都陪著露比，露比很喜歡黏著我，紗夏說杭特是她自己帶的，所以非常黏媽媽，這我無所謂，反正露比很乖，而且很容易講道理。

「露比今天有小小學習，十點鐘上課到十一點半，上完快速吃個午餐，妳再送她去學校。她應該想吃熱狗。」

「哪一間？」我問。

「中央公園旁邊的餐車就行。」

「耶！」露比歡呼，「吃路邊攤！」

以出生在第五大道的公主來說，露比很接地氣。即使錢多、人脈廣，露比一家人過得相當低調，我過了個週末回來上班時，常常在資源回收桶裡發現達美樂的披薩盒，或是在水槽裡發現Ben & Jerry's的冰淇淋桶。紗夏和老公伊恩都在第五大道出生長大，雖然過著人人稱羨的生活，卻常常拿昂貴的晚宴開玩笑——主菜的分量還不如一粒口香糖球，賓客整晚都在吹噓自家遊艇。紗夏和伊恩雖然有本錢炫富，我卻覺得他們非常樸實。

「我留了一些現金在餐桌上，記得自己買東西來吃。」紗夏一邊交代，一邊幫杭特穿上亞曼尼的幼兒外套。

「等一下，小小學習在哪裡？」

「過幾條街就到了，」說完她就朝大門走，「沿著第五大道走到東八十一街，絕對找得到。」

紗夏和杭特出門後，我轉向露比，她舔了幾口棒棒糖，嘴巴就紅得像泰勒絲的招牌紅唇妝，一起床就吃糖果顯然太早，但紗夏管教小孩很寬鬆，想吃就吃，無所謂。

我幫露比穿上黑色的芭蕾舞平底鞋，再自己穿上Nike運動鞋、繫好鞋帶，一起手牽手出門散步，看到沒亮燈的計程車，露比就喊「taxi」，如果有亮燈，就換我喊「taxi」，遊戲規則雖然簡單，但是很刺激，突然，一輛沒載客的計程車一閃而過，露比驚呼「taxi」。我們邊走邊玩，不知不覺就走到了。

東八十一街四號。這是一棟三層樓高的建築，外牆是天然褐石，隔一條馬路就是世界知名的藝術博物館。我無法想像什麼兒童課程要在這麼高檔的地方上課，一瞬間還以爲是紗夏搞錯了地址。

「沒錯，就是這裡，」露比說：「看到了嗎？」

她指著門鈴。眞的耶，有個小指頭大的招牌，上面寫著——小小學習。我按下門鈴，裡頭按了開門讓我們進去。

「哈囉。」一位女士坐在辦公桌後方招呼我們，右邊是富麗堂皇的大理石壁爐，整個前廳布置得像富家千金的香閨，一點都看不出來是幼兒學習的地方，硬木地板上鋪著毛皮地毯，會客區擺放著米色家具，書架上陳列著家喻戶曉的童書。我回想起老家的國小──破爛的課桌椅，昏暗的日光燈，借來的教科書上畫滿了小雞雞。如果我讀書的地方不是黑暗的巢穴而是豪華的公寓，說不定成績會更好？

「今天是誰要上課？」女士詢問。

「露比．羅斯，十點鐘的課。」

「沒問題，露比，往前走，下樓梯，老師在等妳，」接著她壓低嗓子，好像要講祕密似的：「聽說今天要烤英文『C』開頭的東西喔。」

露比生性靦腆，怯生生地躲在我後面，好說歹說哄了一陣，她才慢慢走下樓，我聽著露比的腳步聲漸漸走遠，直到完全聽不見。會客區還有幾個位子空著，我挑了個附近有人的位子坐下來，這人看起來也是保母，戴著藍牙耳機連珠炮般講著電話，一臉狐疑地看著就座的我，我笑了笑，但她沒反應，她大概以為我是上東區的雞婆貴婦在偷聽她講電話，或許她猜對了一半，我確實很雞婆。

「啊，對啦對啦，凱瑟琳在小小學習，但再十五分鐘就下課了啦。」

這樣近看下來，我才發現這是露比同學的保母愛麗莎，凱瑟琳是露比的同學，長得很甜，臉上有雀斑，門牙有縫。

「會、會，今天會早點下班，七點可以走，八點到家。」

接著她頻頻點頭，同意電話另一頭說的話。

趁愛麗莎在講電話，我上網搜尋小小學習的學費。一萬六？我感覺自己睜圓了眼睛。一堂課一萬六千元？

一堂課上多久？一班多少人？師生比想必是一比一吧，這麼貴。就算眞的是一比一，這學費也太扯了。

「凱瑟琳快下課了，」坐在我隔壁的愛麗莎說：「要去上芭蕾舞。回家路上再打給你。好啦好啦，掰。」愛麗莎掛上了電話。

她開始收拾東西，我決定抓住機會交個保母朋友。帶小孩都沒有同事，平日午餐我都抱著兩歲的寶寶自己吃，我的朋友則一邊跟同事聊天，一邊吃外送的Chipotle墨西哥捲餅和Sweetgreen超大份沙拉。我每天搭地鐵上下班路過熙熙攘攘的商業區，總是會想像一群二十歲出頭的專業人士下了班一起喝一杯。萊菈常常描述跟其他律師助理出去小酌，雖然還去不起高級酒吧，但難得大家有空，去東村喝一杯一百五十元的啤酒也開心。儘管我愈來愈喜歡平日的生活，但保母終究不是我想要的職涯，我想追求的是事業，而非只是一份工作，眞要說的話，帶小孩連工作都不算，離事業又更遠了。我平日接觸到的人年紀不是太小就是太老，很難交朋友。這下只能豁出去了，我深呼吸，鼓起信心，開口自我介紹。

「嗨，我是史蒂芬妮。露比的保母。」說完我伸出手，愛麗莎愣了一下，接著才跟我握了握手。

「愛麗莎。凱瑟琳的保母。」

「我在學校見過妳幾次。」我說。

「她們不同班。」她淡淡地回。

我感到一陣難爲情，覺得自己眞不會交朋友，但同時心生疑惑：大學的時候我只要在宿舍走廊逛一圈，就能交到五個新朋友，怎麼才過了一年，我好像就算傾家蕩產，眼前這位六十歲的太太也不肯跟我聊天？我眞是跌到谷底了。這位太太對我可愛的Zara毛衣不感興趣，也不想聽我認識哪幾間夜店的圍事。我跟她是不同世界的人。我跟這裡的貴婦更是生活在不同的宇宙。哪裡才有我容身之處？

隔了一會兒，愛麗莎問我：「妳老家在哪裡？」

終於看到一絲興趣，我太高興了，急忙回道：「羅德島。」

「希臘的羅德島？」

「不是。是羅德島州。靠近波士頓。」

她一時傻了眼。

這時正好下課，一群三歲幼童左搖右擺走上樓，我數了一下：兩位老師，五位學生，凱瑟琳也在其中，老師把孩子交到不用上班的貴婦或保母手裡，我和愛麗莎交談時，其他貴婦和保母也都來了。把凱瑟琳送到愛麗莎身邊時，老師彎腰看著凱瑟琳的眼睛。

「凱瑟琳，要不要跟保母阿姨說，妳今天念了什麼給同學聽？」凱瑟琳害羞地撇過頭、下巴抵著肩膀。「好嘛，」老師鼓勵她：「給愛麗莎看看妳今天念了哪一本書？」

緩緩地，凱瑟琳把夾在胳肢窩的繪本抽出來。我認得這一本。《嘰喀嘰喀碰碰》（*Chika Chika, Boom Boom*），我也學著念過這本廣受喜愛的字母繪本——當時我八歲，已經上小學二年級了。

「我每一頁都會念了，只跳過一頁。」凱瑟琳驕傲地說。

「她上星期念到T、U、V的時候卡住，但我們助教今天發現她只是不會分U和Y，所以馬上就糾正過來了。」老師笑著說。

我看著老師和愛麗莎擊掌，大家都滿臉驕傲，就連我這個路人都好佩服，心想：當年如果我也來小小學習，不知道會怎麼樣？我整個童年都被貼上「學習遲緩」的標籤，但真的是這樣嗎？究竟是凱瑟琳學得特別快，還是只要付得起每小時一萬六的學費，人人都能是神童？

我開始覺得搞不好我不是學習遲緩，純粹只是生錯階級罷了。

7 寶寶晚宴

我們站在自然史博物館入口參加一年一度的兒童晚宴。勞勃．狄尼洛跟我擦身而過，他拿著迷你神戶牛漢堡追著女兒跑，一邊跑過恐龍廳一邊咬著漢堡，我去接露比下課的時候看過他幾次，但這次真的靠得很近——亂蓬蓬的頭髮，皺巴巴的衣服，加上背景的恐龍，讓人簡直認不出眼前這位大明星。在曼哈頓的錢堆裡，勞勃．狄尼洛只是其中一位口袋很深的爸爸，也是彷彿活在恐龍時代的爸爸，但總歸一句——爸爸就是爸爸。

來之前我詢問紗夏晚宴的服裝規定，紗夏的回答很簡單：「有些人會隆重打扮，但大多穿個好一點的牛仔褲就出席了。怎麼舒服就怎麼穿。」現在，我站在海洋生物廳朦朧的燈光裡，說有多尷尬就有多尷尬。我低頭看了看自己的Target杏色襯衫，迷失在一片紀梵希的高檔黑色洋裝裡，看來我誤會兒童晚宴的意思了，雖說是辦給兒童的晚宴，實際上卻是上東區和上西區炫富的場合，全家大小全員出席，扮演好各自的角色。貴婦們忙著記筆記。誰家小孩家教最好？哪幾家開黑頭車出席？誰家老公的勞力士最貴？這哪裡是什麼兒童晚宴，這是在表演家族地位吧。

我經過好幾位精心打扮的貴婦，內心納悶她們是不是花錢請造型師打點過？有稜有角的鑽石，又細又尖的高跟鞋，肩頭披著薄如蟬翼的絲綢。貴婦的老公們剛從華爾街、市中心下班趕過來，清一色穿著最高級的義大利西裝，有的用黑莓機寄電子郵件，有的用iPhone發語音訊息，偶爾彼此擦肩，就來個強而有力的握手，說些「上星期股市跳水，還好吧？」之類的話。就連吃糖吃到嗨、鬧脾氣鬧到滿身淚的小朋友，也擺出走紅毯的架勢。參加晚宴是一回事。在晚宴上備受矚目又是另一回事。

我很擔心自己備受矚目（但不是我希望的那種矚目）。從沒去過豪華派對的我，卻參加了這場除了付門票之外還得捐款的晚宴，我轉頭看看周遭的擺設和攝影師、快閃酒吧和接待人員，突然一陣頭暈目眩。參與盛會縱然興奮，但同時也讓我渾身不自在，心中百感交集、五味雜陳。

「先做什麼好呢？」紗夏問大寶和二寶。

她的纖纖玉指拿著厚厚的手冊，裡頭標示了今年的重頭戲，活動多到令人眼花撩亂：動物奇遇、世界冠軍魔術、Shake Shack漢堡點心吧。我感到一陣醋意翻騰，趕緊提醒自己：我七歲的時候也在Papa Gino's辦過生日派對呀！身爲貴賓，我還自己做了披薩呢！要聊童年令人興奮的事，我也能談上幾句啊。

這場自然史博物館的晚宴從六點辦到九點，一年只辦一場，是所有孩子的夢想天堂，比迪士尼樂園的遊行更加絢麗奇幻，而且一票難求，票價比迪士尼未來世界主題樂園貴三倍，而且還不一定搶得到。家庭套票每晚八十萬起跳，事前無法取票，而是記在維安人員的貴賓名冊上。

「我想去挖化石！」露比宣布。

「好，媽媽看，」紗夏用食指在地圖上找了一下：「在三樓。史蒂芬妮，妳帶露比過去，我帶杭特去畫臉？」

「喔，我們要分開嗎？」光是想到要單獨行動，我就驚慌失措。結伴同行我還能躲在紗夏後面，獨自帶露比不就見光死了嗎？我在這裡根本格格不入，總覺得下一秒就要出糗。小時候來可能會覺得扯到爆，看見什麼都能開玩笑，但現在不行了，我實在太羨慕了。

我把Forever 21的包包反過來拿，讓「你就讚」那一面朝內。想起出門前還在玄關櫃裡看到萊莅的Marc Jacobs包包，怎麼就沒想到跟她借一下呢？

「這樣他們才能各自玩適合的，」紗夏察覺我壓力山大，立刻補上一句：「但我們可以一起吃晚餐。一小時之後在自助餐集合？」

「好，可以，沒問題。」

露比牽起我的手，我決定要處之泰然，如果想融入這裡，上策就是假裝這些奇觀都不足為奇，露比跟我經過穿西裝、打領帶的服務生端著高級的開胃小點心給三歲以下的幼童，我連看都不看一眼。一路上源源不絕的贊助商不停朝露比送贈品，我一概謝絕，甚至婉拒其他沒在喝香檳的貴婦都會佇足拿一杯的氣泡水。我拿的愈少，看起來就愈不匱乏。有錢人才有本錢貪婪——免費的產品、免費的服飾、免費的體驗，這些都是家常便飯，廠商都想找這些有錢人購買和代言。

但我算哪根蔥？我拿的愈多，得不到的就愈多。他們拿的愈多，未來擁有的就愈多。

有兩個小小的聲音呼喊露比的名字，露比興奮尖叫：遠處角落站著兩個同學——凱瑟琳和一個黑頭髮的小男生（名字我想不起來），我看到愛麗莎也在，儘管上回交談並不熱烈，但是看到熟面孔就是開心，所以打了聲招呼。

「嗯哼，」愛麗莎揚起眉毛：「妳覺得怎麼樣？」

「妳說晚宴嗎？」我問。

她點點頭。這一刻我總算鬆懈下來。我知道愛麗莎不會在乎我穿的鞋子是不是眞皮，也不在乎我平常都用什麼保養品，她跟我只是星期四晚上加班的婦女，我可以儘管安心對她吐露心聲。

「好喔，老實說……這裡超讚，有好多事情可以做，有好多贈品可以拿……妳看到自助餐的菜色了嗎？有三種雞塊耶！」

愛麗莎哈哈大笑。「妳第一次來？」

我大方承認，還說一個鐘頭之前我壓根不曉得世界上有這麼浮誇的兒童晚會。

「這裡的食物夠祕魯的一家人吃一整年了，」愛麗莎打趣道：「跟妳說，這裡的通心粉起司球超級好吃。」說著她從身邊的餐盤拿了一顆給我。我道了聲謝，立刻塞進嘴巴。

「聽我說一句，絲蒂芬妮，」我們一邊看著小朋友挖腕龍化石，愛麗莎一邊勸我：「這些人給妳什麼，妳就好好享受。」

「為什麼？」

「因為我們花不起這個錢，非得靠他們才行。」

我想了一想：眞的是這樣嗎？如果愛麗莎跟我夠努力、夠賺錢，總有一天也能成為晚宴嘉賓吧？不過，這裡的嘉賓大多不滿十二歲，一出生就在名冊上，不用努力也進得來。

「喔，給我來一個。」愛麗莎壓低聲音告訴端著壽司的服務生。

愛麗莎很嬌小，差不多只有國小五年級的身高，我比她高出一個頭，常常需要半蹲才能跟她四目相接。我不確定她說的話有沒有敵意，但就算有我也能諒解。看到這樣的場景，出身南美洲貧窮農村的移民很難不生氣吧？但看她一臉得意，我想愛麗莎並不覺得難受，宴會就是宴會，美食就是美食，渡假就是渡假，海邊別墅就是海邊別墅，要怎麼好好利用這份工作，愛麗莎再清楚也不過。

是啊，我也該好好利用這份工作，這裡的人一定認識（甚至本身就是）製片、作家、導演，不過，這樣感覺很不尊重紗夏——一面盤算怎麼跟她的朋友套交情，一面擦掉她女兒臉上的巧克力奶昔。目標很豐滿，現實很骨感，還是別在這裡跟人家攀關係吧。

「所以我應該要拿那些攤位贈送的墨鏡嗎？」

「別去拿墨鏡了，絲蒂芬妮，」愛麗莎一邊笑，一邊轉身去拿包包，秀給我看她今晚的戰利品：名牌壓力球、潮牌T恤，還用餐巾紙包了餅乾晚一點享用。「要拿就全部拿，別只拿一樣。」

兒童晚宴之後的幾個星期，我的心裡洋溢著希望。愛麗莎和我每個星期都會碰面，一來讓露比和凱瑟琳玩在一塊，二來愛麗莎終於暢所欲言，談她的孫子、孫女，談她在祕魯的家人，談她在將近六十歲時轉換跑道、從傭人變成保母，如今快七十歲了，依然爲了生計每週工作六十個小時。我們會聊平日帶小孩的瑣事（跟我同年齡的朋友多半還沒生小孩，聊這些他們也不懂），有人能懂幫別人帶小孩的酸甜苦辣，讓我打從心底感到欣慰。

除了社交圈擴大之外，我平日的生活也另有變化。

雖然杭特強烈反抗，但紗夏開始讓我獨自陪他。一天下午，露比跟我剛進屋，就發現紗夏在等門。露比要去參加生日派對，紗夏說讓她來帶。

「我們最慢五點半會到家，杭特可以先吃晚餐，露比在生日派對上吃就行了。」紗夏親了一下杭特，說：「想跟他玩什麼都可以，史蒂芬妮。晚一點見！」

杭特雖然沒有哭，但也沒有歡呼，紗夏離開之後，杭特盯著門看了好一陣子，我閉緊嘴巴杵在旁邊，這是我幾個月前學到的教訓：對待心不甘、情不願、警報拉滿的寶寶，就要像對待野生動物一樣——敵不動，我不動。我只要有任何風吹草動，杭特都有可能會大吵大鬧。

我保持距離跟在杭特身後，杭特走進了露比的房間。杭特的房間雖然舒服，但露比的房間形同第二間主臥房，所以杭特更喜歡姊姊的房間。杭特和我天天唱同一齣戲：他走進姊姊的房間，從上百種玩具中挑一種，一邊玩、一邊提防我，玩個一分鐘，就微微側過臉，看看我還在不在。

通常，杭特會往拼圖箱裡撈，或是從公仔箱裡挑，但今天卻變了個花樣，反倒往姊姊的床鋪走，小手一撐，爬上床，坐好。一分鐘後，不知所措的我決定坐在地上等，家裡只有我跟他，這麼大一間房子，竟然悄無人聲。我陪這小小人兒坐著，要是沒穿尿布，他肯定滿身都是屎，但拘束又尷尬的卻是我，連做自己都感到不自在。

我腳邊有一隻玩偶，我瞥了一眼，杭特則盯著玩偶看，大概在考慮要不要叫我拿給他，想必他眞的很想玩這隻熊寶寶，因爲他突然霸氣一指，我撿起熊寶寶輕輕丟過去，但杭特還沒完全掌握手眼協調能力，結果撲了個空，熊寶寶在他腦袋瓜上彈了一下。

杭特看著熊寶寶倒在床上，我在一旁等著，自己連丟個玩偶都丟不準，杭特肯定要大哭大鬧整個下午了，我咬緊牙根，準備迎接驚聲尖叫，沒想到卻聽見小寶寶可愛的笑聲。

杭特在……笑？

我大大鬆了一口氣，壯起膽子，再拿一隻玩偶朝杭特扔過去，又引來一陣咯咯笑聲。眞奇怪，他明明還那麼小，連自己的名字都還不會念，怎麼被他肯定一下，我就這麼欣慰呢？不過，可以一起玩眞是太開心了！我們就這樣丟玩偶丟了十五分鐘，雖然這稱不上遊戲，而且在混熟之前還得這麼丟上十幾回，但是，杭特今天笑了。這一點點希望就足夠了。

那天傍晚下班時，心裡很踏實。本來露比和我感情就不錯，現在又有機會跟杭特打成一片，等到杭特不只願意讓我陪，而是喜歡讓我陪，我的保母入門課就算上完了。

每週五從第五大道下班，紗夏發給我的一週工資，高過我媽兼職祕書一個月的薪水。搭地鐵回家的路上，我在心裡盤算多少錢要用來支付開銷、多少錢要進存款戶頭。雖然我懂得用投資來錢滾錢，但我缺乏理財的經驗，所以儘管生財計畫欣欣向榮，戶頭餘額卻不斷枯萎凋謝，賺的錢永遠左手進右手出。我才剛滿二十三歲，比起我的原生家庭（連付瓦斯費都要指望刮刮樂），我算得上是小富婆了，但我卻是不折不扣的月光族，而且賺得愈多、花得愈多，彷彿搭上理財摩天輪——追追趕趕、高高低低，唯一確定的是：自己不再是買一雙SKECHERS就歡天喜地的小女孩了。在紐約這座遊樂場裡，酒吧是我非玩不可的溜滑梯，餐廳是等待我光臨的盪鞦韆，GUESS和Topshop的洋裝天天跟我招手，第五大道上的旗艦店璀璨豪華，不小心就花掉六千塊，買一件這輩子只會穿一次的洋裝。

「謝謝妳，史蒂芬妮。這一週的份在這邊。」紗夏說。我週末雖然很少加班，但還是答應幫忙紗夏照顧雙寶，讓她和先生去出席募款活動。紗夏從經典柏金包裡抽出白色信封，裡面是一大疊鈔票，少說也好幾萬塊，雖然想留到星期一再來拿，但我說不出口，因爲這樣就得解釋大半夜的我要去哪裡，所以只好帶著現金離開。「下星期見。」我揮手向門房告別。

我走過了一條街口，這才脫掉影集《黃金女郎》的紀念T恤，露出底下的黑色連身衣，順手將T恤扔進路邊垃圾桶裡。這件T恤實在太大，我的包包裝不下，而我要去的夜店，不會有人欣賞這種流行文化紀念品，穿去就沒戲唱了，我本來就沒什麼魅力，實在不想冒險讓自己的秀色可餐指數直直下滑。

萊菈和男友等我等得很不耐煩，我一下計程車，卡洛斯就嗆我：「妳未免也遲到太久了吧。」

「抱歉，時代廣場太塞了。」說完，我轉向萊菈：「妳也塞一些到內衣裡。」我遞了一疊千元大鈔給她。

「什麼？不要！妳不會塞進錢包嗎。」

「哪行啊。妳也知道我一喝醉錢包就會不見，誰曉得我等一下會醉到什麼程度。」

長長的沉默。萊菈雖然不爽，但永遠值得信賴。

「唉唷，這是一週的薪水。拜託嘛。這樣最保險了啦。」

萊菈嘆了一口氣，接著跟我一起塞好塞滿，然後才走進店裡。夜店經理今晚幫卡洛斯安排在歌手A咖傑森隔壁，傑森整晚都在打量我們這邊的妹子，最後還帶了其中一位回家。我敢說他考慮過我，如果真要我猜，我在他心目中應該排名第一，但最後他竟然挑了厄瓜多二〇一五年的選美皇后，我隔天一早立刻把他的〈Ridin' Solo〉從iTunes歌單上刪除。

我們玩到將近天亮，才在東村找了一間店吃薄片披薩，大家笑笑鬧鬧，最後一起招計程車回家，整趟車程都在打瞌睡，等到整座城市都甦醒了，我們才慢慢爬上床。我過上了精采的生活，疲憊歸疲憊，但刺激又亢奮，完全沒發現自己愈來愈放縱。隔天一早，現實給了我一記當頭棒喝。

「妳的學貸已經遲繳兩星期了，今天非繳不可。」我媽在電話另一頭咆哮。

星期一了，我在蘇活區吃了早午餐，沒想到那家店的含羞草調酒那麼醉人，我帶著宿醉與疲憊出門工作，但最令人疲憊的還是我跟我媽之間那跳針的對話。

「好，知道了。」我說。

「妳哪裡知道了！今天喔！這個忙我們幫不上，懂嗎？我們也有自己的帳單要繳。」

「你們什麼時候繳過了？」我回嘴，「妳知道自己有多虛僞嗎？打電話來叫我付帳單，妳跟爸卻每五年就申請一次破產！」

我媽掛我電話，我終於解脫了。雖然遲繳，但起碼我最後一定會繳。我提醒自己星期五的頭號任務就是繳學貸，因爲上星期剩下的八千五百塊已經被我拿去買嘻哈天王皮普的演唱會門票了，我坐在第四排，他用渾厚的嗓音唱著當代經典〈Timber〉，在舞臺上拿起酒瓶直接灌。這錢花得太值得了。

地鐵駛入市中心，從公園大道轉到萊辛頓大道，我心想：自己跟家人的關係怎麼變得這麼緊張？我爸媽覺得我染上紐約人的高傲，不論我跟他們說什麼，他們都覺得我在吹牛，只要我穿上名牌上衣，他們一律解讀爲人身攻擊，而我想要追求的精緻，被視爲對原生家庭的排拒，我才沒有這樣，我只是發現了比小時候更寬廣的世界，現在我愛吃的食物，我爸媽連聽都沒聽過，而且連嘗都不願意嘗。我們的共通點愈來愈少，相處的問題愈來愈大。他們說我擺高姿態、瞧不起老家，彷彿那不是我的出身一樣，起初這只是他們的看法，但漸漸活成了我的現實，生怕承認過往會妨礙我融入現況。這陣子我幾乎不回家，就算回去了也是鬧翻，我還沒發跡是事實，我擁有的不過是我僱主的一粒麵包屑，而毀了我大好前程的就是這塊麵包屑，我明明只是個保母，卻佯裝成位高權重的總裁。我是個亟需認清現實的千禧世代。

我的妹妹都才十歲出頭，年紀還很小，常常打電話來跟我告狀，說家裡發生了哪些荒唐事，像是我媽半夜做夢，夢到我最小的妹妹莉荻亞睡一睡窒息，結果隔天一早醒來，大家的枕頭都消失了，脖子也痛得要命，原來是我媽驚嚇過度、歇斯底里，摸黑把屋裡的枕頭全都扔了。我家動不動就發生這種怪事，逼得我不得不相信自己是家裡唯一的正常人，千萬不能跟他們攪和在一起。

「史蒂芬妮！」露比尖叫，她聽見前門開了。我說了一聲早安，啪嗒啪嗒的小小腳步聲就朝我奔來。我太愛這個聲響了。露比一出現，我的疲勞暫時消失，把她緊緊摟在懷裡，她就是我的頭疼止痛藥。「媽咪不舒服。」露比說。

「哎呀，糟糕，」我說：「媽咪怎麼了？」

這是紗夏這兩週來第三次不舒服了。「媽咪肚子疼。過來看。」

我不甘不願跟著露比走進紗夏的房間。雖然已經在這裡工作了好幾個月，但進到紗夏房間感覺還是太打擾，能免則免，但她這陣子不舒服，我想迴避也沒辦法。

杭特坐在床邊，頭頂是一盞水晶吊燈，看到我來了，立刻張開雙臂。杭特現在會跟我撒嬌了，我也愈看他愈覺得可愛，每天都傳他的照片給我的朋友，朋友都看膩了，又不是他們家的小孩。話說回來，杭特也不是我生的啊！我親了親杭特的頭，把他從床上抱起來側抱著。

「可以麻煩妳幫個忙嗎？幫我去店裡買幾支冰棒回來？」紗夏說。

「沒問題，」話雖這麼說，但我心裡暗暗吃驚，平時除了照顧小孩之外，紗夏很少要我幫忙。「哪種冰棒？」

「櫻桃的，如果有的話。可以幫我拿一下錢包嗎？」

我把錢包從衣櫃拿到床邊，杭特用稚嫩的聲音問：「史蒂芬妮，一起？」我才說完可以，杭特就跑去找外套了。紗夏翻著厚厚的一疊鈔票，一邊解釋爲什麼最近不太舒服，我聽得心不在焉，盤算著要不要帶推車，紗夏說了幾個字，我瞬間回神：「抱歉，我剛剛沒聽清楚，妳是說害喜嗎？」

「對，」她低聲說：「別告訴大寶、二寶。他們還不知道我懷孕了。」

我震驚了，隔了好久都說不出話，久到可能有點失禮，甚至不記得自己到底有沒有道喜。我知道要說恭喜，但我實在太驚慌，竟然把禮數都忘了。我好不容易才取得杭特的信任，更何況我根本沒有帶小寶寶的經驗。身爲保母，家裡多了個新成員，我不確定該作何感想，更重要的是大寶、二寶會怎麼想。

本來還以爲我媽追著我討錢已經夠晴天霹靂了，想當年她身爲三寶媽時才二十八歲，體力透支，孤伶伶一個人餬口度日。我曉得新成員可能會讓家庭雪上加霜，所以才替紗夏感到害怕；我不明白的是，她居然告訴我，她看起來這麼幸福，正是因爲懷孕了。

8 金魚，不見

七歲那年，陪我度過童年的大人都走得差不多了。最先走的是曾外公，他跟骨癌纏鬥了好久，先是跛了腳、關節腫得跟小柑橘一樣大，後來開始咬字不清、食欲大減，安寧護理師過來解釋生生不息的道理給我聽，我一邊聽一邊點頭，因爲我眞的懂，《獅子王》裡面有演過。守靈的時候，我把手伸進棺材裡摸一摸曾外公的手，沒想到這麼冰，嚇了我一跳，趕緊把手抽回來。

曾外公走了之後，隔幾個月，爺爺也走了。爺爺生前啤酒不離手，大家都以爲肝不好會要了他的命，沒想到醫生在爺爺的額葉發現腦瘤之後，死亡來得又急又猛。診斷出腦瘤之後沒過多久，爺爺就把我給忘了。某天晚上，大家找到爺爺的時候，菸灰缸裡的菸還沒滅，床頭櫃上擺著百威淡啤。在摯愛的家人環繞下，爺爺與世長辭。

奶奶過世那年，我正好七歲，爸媽剛剛和好如初。某天早上，他們把我叫起來，我坐在床邊聽他們告知這條噩耗，一言不發，我媽還以爲死亡對我來說太敏感，攪得我一時糊塗。恰恰相反。我是因爲完全懂了，所以才無話可說。

奶奶沒錢辦喪禮，生前賺來的每一毛錢幾乎都在賭場敗光了，她對吃角子老虎非常虔誠，而且篤信刮刮樂。對於學歷只有中學畢業的婦女來說，單靠收銀是賺不了大錢的，賭博發財的機會還比較大。到頭來，最便宜的就是火葬，骨灰應奶奶要求灑在她辛苦了大半輩子的賽車場。人都走了好幾年，大家提到奶奶，還是說她沒出息，彷彿她有機會能有什麼出息似的。

奶奶過世二十年後，輪到我照顧五歲大的小女孩，她第一次養魚，魚死了，她爸媽發瘋了好幾個鐘頭，卯起來給方圓四十條街的寵物店打電話，看能不能再買一條一模一樣的來替補，但找了老半天找不到同花色的，索性把整個魚缸都扔了。死亡對孩子來說太殘酷，爲了保護孩子，爸媽眞是不擇手段了。起初，對於魚缸不見，露比隻字不提，但過了幾個月，露比告訴我一則小祕密。

「芬妮，」她悄聲說：「答應我不能說出去喔？」

我點點頭。

「我把魚搞丟了。不能讓媽咪知道，不然她會覺得我不會養寵物，但我眞的不曉得放到哪裡去了。前一天明明還在，隔一天就不見了。」

當下我忍不住想：同樣是五歲，誰受的傷害比較大？是我嗎？——成天擔心身邊摯愛的人會隨時消失，就這麼擔心了好幾年？還是露比呢？過著一出生就有信託基金的生活，但卻深信是自己把魚缸搞丟？

有些人的離世在我心中留下了窟窿，我好想念曾外公，也好想念奶奶；有些人的離世我則是揮手歡送——揮得比舞會皇后還要大力。在這些生離死別之間，永恆不變的事情只有一件：我爸媽那吵不完的架。

「我這週六晚上要帶妮姬。」我爸說。

我爸跟雪莉的戀情吹了，兩人生下妮姬之後就分道揚鑣，我媽見縫插針，一心想把我爸搶回來，最後搶贏了，我爸搬回來住，我媽就懷孕了。妮姬當時還小，才快滿兩歲，也沒惹什麼麻煩，但我媽就是討厭她。

我媽眉頭一皺，撫著鼓起來的大肚子（不久之前還是扁的），說：「星期六不行，我們要架嬰兒床。」

「什麼不行？架什麼嬰兒床？」我爸皺起眉頭：「還有一個月可以架啊？」

「史都，我都已經拜託我媽幫忙了，你還要我怎麼樣？」

那天我媽拉了我跟外婆一起吃午餐，地點選在雙子星，那是一間家庭式餐館，當年我爸坐在雅座，我媽送餐過去，兩人就這樣認識。我媽只准我吃一片披薩，我大把大把灑上起司粉，沾上滿滿的番茄醬，希望能增加飽足感。

「雪莉每個月可以拿將近一萬塊的扶養費，而且妮姬還不跟她住。」我媽跟外婆抱怨。

沒錯。雪莉又懷孕了，所以把兩個大的送去跟外公、外婆住。雪莉跟我爸都

二十五、六歲，兩人各自都要迎接第三胎。

「法院怎麼說就怎麼做，」外婆試著說理，但我媽不聽就是不聽，滿心只想著錢、錢、錢，已經想了好幾個星期了。

「我們要怎麼再養一個？他賺來的錢都拿去養別人家的孩子！急死人了。」

外婆嘆了口氣，放下手中的餐具。曾外公過世後，外婆繼承了一筆可觀的遺產。她把曾外公生前住的林地賣給一間公司，那間公司把外公的樹林通通砍光，清出空地蓋辦公室。外婆曉得我爸媽都還年輕，連繳房租都成問題，雖然是雙薪家庭，但帳單加一加，依舊入不敷出。真要我猜的話，我想外婆早就知道我媽的心思，但還是問我媽需要什麼。五分鐘過後，母女達成協議。往後的歲月裡，只要需要幫忙，外婆總是出錢又出力——怕我們冬天冷，幫我們買熱水器，我們要出門，幫我們買二手車代步，無論外婆做得再多，我媽的問題還是沒完沒了。錢能解決多少問題，就能製造多少問題——這是我從小學到的教訓。

午餐過後，我媽和我回到家，出門之前跟我爸吵到哪裡，就從哪裡繼續往下吵。

「只不過是要你週末架個嬰兒床罷了。」我媽絲毫不肯讓步。

我爸說可以星期五先架，我媽還是反對，不知道去哪裡生出一大堆藉口，我爸聽到第四遍（還是第五遍），性子就耐不住了。

「我不想他媽的每個星期都跟妳吵這些屁事，」我爸大吼：「我週六就是要帶妮姬。沒得商量。」

「但家人要共度週末啊！」

我爸在屋裡東翻西找，鑰匙不曉得擺到哪裡去了。每次吵累了，我爸就來這招——暫停休息。我不清楚休戰期間他去了哪裡，但那裡肯定有伏特加，因爲他每次都心平氣和地回到家。

「週末要陪家人。陪我們的孩子！」

「妮姬是我們的孩子。」

我媽冷笑，彷彿我爸說了什麼無恥的話。我媽恨透了妮姬所代表的一切——出軌、嫉妒、寂寞，妮姬就是雪莉的翻版，雪莉在我媽眼中是什麼樣，妮姬就是那個樣。總有一天，當我回首當年，我會看懂我媽究竟怎麼了——她受傷了。

升上三年級時，我已經足足念了兩年的特教班，依然所有科目都跟不上，我家人都很困惑，搞不懂爲什麼我都快八歲了，閱讀能力卻還停留在學前班，大家七嘴八舌討論不出原因。我的閱讀能力很糟，數學成績更糟，學校老師都說我很難教又不守規矩。

「我們沒有找到任何導致智能障礙的原因。」醫生解釋。

這次看診難得我爸媽都在場，我爸的指甲黑黑的，工作了一整天，指甲縫卡滿了煤灰，爲了陪診，特地提早下班。「所以您建議我們怎麼做？」我爸問。

我的成績實在低於平均太多，閱讀輔導老師建議我接受檢查。我爸倒是不怎麼擔心，他從小功課就不好，但長大之後還不是好好的，有個穩當的工作？不過，醫生確認我沒有閱讀障礙後，我爸媽卻難掩失望。

「是這樣，」醫生說：「很多小孩讀書都讀不上手。你的女兒視力很好，聽力也沒問題，讀書讀不好不是生理因素。有些小孩就是學得比較慢。長大就好了。」

「所以她沒有學習障礙？」

醫生看了我媽一眼，擺明了這還用問嗎？「在我看來，你女兒沒有注意力不足的問題，但是顯然無法專注在課業上。我建議她繼續念特教班，希望有一天她會注意聽老師上課。」

醫生謝謝我們來看診，櫃檯小姐目送我們離開。我們穿過燈光昏暗的停車場，走向我爸那臺破爛的道奇貨卡。

「芬妮，」我媽好奇問了一句：「妳上課都有專心吧？」

我本來張嘴要回答，卻驚覺怎麼回答都不對，如果我說實話——有專心努力聽，但聽不懂——那就代表我笨；如果我附和那庸醫的說法，謊稱自己上課不專心，那就代表我懶。懶可以改。等到升上高年級，同學還會覺得懶得讀書很酷，對考試成績不上心很叛逆、勇於打破規矩。至於腦子笨——那就是真的笨。

「上課好無聊，」我終於說出回答，我媽看起來嚇壞了：「誰想看《夏綠蒂的網》啊？不過就是一頭笨豬的故事。」

「夏綠蒂是一隻蜘蛛，芬妮。」

我妹妹珍娜出生之後，家裡平靜了好一陣子，大家臉上都洋溢著幸福。但蜜月期來得快、去得也快。珍娜才滿九個月，我媽再度宣布下一次預產期。

我的成績依然沒有起色，低於平均低到丟人現眼，我媽則忙著迎接第三胎。莉荻亞出生那年，我爸二十八歲，跟我媽離婚又再婚，拚了命養活四個小孩，工時很長，對身體很傷，薪水卻很微薄。決定生下莉荻亞未免太魯莽。莉荻亞從醫院回家的那一天，全家愁雲慘霧，跟我長大後在上東區看到的寶寶派對天差地別——我家沒有玩具，沒有鮮花，沒有禮物，當然也沒有門房。

在美國，從某些事情就能看出一個人是富到流油還是窮到吃土。在我老家，後院停了數十輛車的家庭絕對是窮到爆，那些車大多是破車，滿懷著希望撿回來，看看還有沒有零件或引擎能重新利用。但在東漢普頓，車道停滿車的人家一定有錢到爆，而有錢指數排行榜的榜首還不是車子，而是比車子更昂貴的——小孩。

在上東區，養三個小孩是身分地位的象徵，彷彿在向全世界宣告：這家人不僅生活在全美國最貴的地段，而且生活得輕鬆自在。這裡的房價動輒破億，學費一年三百多萬，這些家庭不僅住得起，還有閒錢供養子女。這些爸媽大多拖到很晚才生小孩，先拚學歷、拚經歷，再買房子、四處遊歷。上東區的貴婦如果有第三胎，沒有人會問爲什麼：反正她想生三個，而且也養得起三個。

而在我爸媽的老家，孩子生得多的通常是小夫妻，象徵的事情也截然不同——高中情侶欲火焚身、煞不住車又不愛戴套。

「妳說這胎他不想生，這話是什麼意思？」外婆問。我們全家坐在醫院的候診室，外公把珍娜抱在膝上顛呀顛，我媽在產房。珍娜眞的很難纏。而我那年八歲，言行粗魯。

姑姑嘆了一口氣：「他已經養三個了，養不起第四個。」

「但我女兒只生了兩個啊。」外婆毫不留情地說。

「這個嘛……親家，老實跟妳說，」姑姑回嘴：「妳女兒不該騙她老公再生一胎。」

外婆和姑姑起衝突毫不意外。外婆是單親媽媽，一個人把三個孩子帶大，工作勤奮，從來沒領過政府補助，而且，雖然外婆嘴巴上沒說，但我知道外婆一直覺得我媽是下嫁給了我爸。就在雙方吵得不可開交時，我發現候診室裡有自動販賣機。喔！有多力多滋！我走過去，站在外婆和姑姑中間，她們正吵到一半。

「可以買餅乾嗎？」我滿懷希望地問。

沒人回話，所以我努力伸長了手，想越過門去拿免費零食，最後當然沒有成功。外婆和姑姑在我身後爭執不休，不是我不在意吵架，而是大吼大叫在我家早已司空見慣，對我來說跟白噪音沒有兩樣，週末吵，參加活動也吵，就連過節也要鬥嘴。在紗夏住的第五大道，我從來沒聽過哪個大人大吼大叫，但是在我家，大聲說話是日常，就跟刷牙一樣（對了，我家刷牙只刷早上，因爲我媽認爲睡前刷牙是牙膏公司爲了提高銷售想出的陰謀）。我上高中那年，牙齒就蛀了六顆。

「親家，」外婆說：「再怎麼說都是他的孩子，他得負責。這世界上最美妙的事，莫過於創造生命。」外婆明知站不住腳，但依然發揮高尚的情操替我媽說話。說到對付我爸，我媽的手段可多了。

珍娜出生不久，我媽就開始求我爸考慮生第三胎，我爸每次都說：「老婆，光是大寶和二寶，家裡的馬桶都已經不夠尿了，妳還想幹麼？再多一張嘴吃飯？」

「我喜歡當媽媽嘛。」這句話的意思是說：她喜歡鞏固跟我爸的情感，這得靠她的祕密武器——跟我爸一起生寶寶。再說了，帶小孩讓她的人生有目標，整天都有孩子的事可以忙，比起照顧自己，有時候照顧別人還更容易。「考慮一下嘛。」我媽央求，我爸也確實考慮了，答案是不要。

在曼哈頓，我遇過夫妻先凍卵，等到時機成熟再找代理孕母，以免身材走樣，對這些夫妻來說，生養子女的費用根本微不足道。可是，對我爸來說，多生幾個帶來的快樂，比不上破產所付出的代價。他光是考慮奶粉錢在哪裡都來不及了，根本不考慮請奶媽。

央求到最後，我媽乾脆自己來。不管養不養得起，她就是想要三個小孩。爸媽的床頭櫃上擺著一包粉紅色的避孕藥，雖然當年我還太小，不清楚避孕的細節，但我知道她沒在吃藥，每次她都拿一顆出來，走進廚房，急急忙忙丟進垃圾桶。某一天，她高舉著兩條線的驗孕棒，聲稱這是奇蹟。

「奇蹟個頭，」我爸嘆了一口氣：「我們日子過得下去才叫奇蹟。」

9 小女人

我在地下室練習運球，我媽把寶寶連身衣一件一件丟進洗衣機裡。我爸帶我去沃爾瑪大賣場挑了個籃框回來架在馬路邊，我雖然沒什麼天分，但愈來愈喜歡拿著籃球的感覺。我身旁的大人大多覺得我功課差、脾氣壞。雖然我在學校表現不好，常常欠缺管教，而且藐視權威，但打籃球似乎讓我改善不少，我可以在外面站整個下午，投，再投，再投，就算都投不進也無所謂。

那一天，我正在室內玩球，夏天太陽很大，地下室很涼快，我媽在一旁忙得團團轉，急著把家事做完，再過幾分鐘，我大妹、二妹就要醒了（難得她們今天肯睡午覺），她只剩幾件衣服還沒摺，我運球運得膩了，改去玩我最愛的遊戲——翻找大人口袋裡的零錢。結果還真的給我翻到了。

「這是什麼？」

「什麼是什麼？」我媽問。

我正在翻我爸衣櫃的抽屜（我不是室內設計專家，但天曉得這空蕩蕩的地下室怎麼會擺著我爸的衣櫃），我摸找著衣櫃抽屜的木頭底部，看能不能摸到銅板，突然，我摸到一個光滑的東西，順手拿出來，端詳了一陣，是一幀女人的照片，挺胖的，不怎麼好看，我翻到背面，把上頭幾個潦草的字念出來：給親愛的你。

「嘿！」我說：「這胖妞是誰？」

我咯咯笑著，我媽把照片搶過去，這下我可笑不出來了。眼淚起初靜靜地、慢慢地，到後來愈來愈大滴，哭得呼天搶地。我知道我闖禍了，只是不曉得究竟闖了什麼禍。

當天晚上，我爸打包行李，莉荻亞在搖籃裡哇哇大哭，珍娜搖搖擺擺在客廳走來走去。我闖了禍，害我媽（又）要變成單親媽媽。外公、外婆很擔心，再次分手讓我媽大受打擊，一天一天消沉下去。

「我眞不想走，」某天晚上，我聽見外婆對外公說：「好害怕再回來……哎，不知道，我就怕她想不開。」

外公、外婆每天都來，幫我媽打掃，帶我兩個妹妹出門走走，但我媽還是花了很長的時間才走出來。我很氣我媽。我不懂我爸偷吃有什麼要緊的？他本來就很少跟我們一起住，我們不也過得好好的？他走了有差嗎？九歲的我實在想不透：我爸爲什麼能掌握我媽的幸福？

再過幾年，外公跟別的女人跑了，姑丈得了精神分裂症，原本堅強的外婆和姑姑，都在我眼前淪爲空洞的軀殼，我從中學到了複雜的教訓：不能指望男人不會變心，不能允許自己需要男人。我外婆是我見過最堅強的女人，直到外公拿走她的錢、她的人、她的心。

後來我體悟到：「女人需要男人認可」是不分階級的普遍問題，上東區見得到，羅德島的郊區也見得到。我在波士頓有個朋友，爸媽都是醫生，結婚二十五年，日子幸福美滿，可是，朋友卻告訴我：她媽從來不在她爸面前放屁，以免失去魅力——我搔頭摸耳，聽得一頭霧水。又過了幾年，我在紐約認識另一位朋友，爸爸是影視大佬，這位大佬在女兒們念高中時劈腿前妻，從那之後，母女們聊天總離不開爸爸劈腿一事，彷彿一家之主不忠，就足以毀掉整個家庭。

這世界上的女人——不分年齡，不管種族，不論收入——幾乎都只是身旁男人的影子。一天到晚帶小孩的全職媽媽就別說了，縱使是念到碩士、在聯合國上班的職業婦女，只要到了週末，全世界女人的生活都差不多，忙著做菜、打掃、照顧小孩，男人則沒差，平日怎麼過，假日就怎麼過。只要能兼顧家庭和職場，美國人確實支持太太就業。等我長大來到上東區，事實更是明擺在眼前：美國女人都被操了，如果出身貧寒、學歷不高又是少數民族，那肯定被操得更慘。

我媽的朋友本來就少，我爸離開之後，我媽更是斷光所有聯繫，幾個月之後索性絕食，甚至限制我們吃東西的量。她身形消瘦，肋骨清晰可數，並且嚴格控管身邊所有人的進食時間。珍娜當時在念基督教青年會托兒所，每天眼巴巴看著同學帶著五顏六色的水果和蝴蝶酥到學校，相較之下，珍娜的牛皮紙袋裡根本只有屑屑，她把手伸進去，掏出我媽幫她準備的餐點——兩片白土司，中間夾著低脂美乃滋。我們三姊妹學乖了，不敢跟我媽要更多食物，因此練就了一身偷零食的本領。

每天媽媽進浴室沖澡，我們就衝進廚房狼吞虎嚥，只要不被抓到，能吃多少就吃多少，吃完再把包裝袋藏進抽屜或食品櫃，湮滅證據以防事跡敗露。在媽媽心情特別壞的日子裡，食品櫃空空如也，想偷也沒得偷，只好到學校求同學分我一點吃的，或是請打飯阿姨再免費給我一份。到了學期末，我總共欠下了一千三百塊的餐費，把我媽氣個半死。

就這樣，我們舉步維艱過了三年，期間我媽不斷努力挽回我爸，我十三歲那年，我媽終於如願以償，我爸媽破鏡重圓。說到婚姻，大家都知道：第三次（或第四次）一定成功。在外婆的幫助下，爸媽買了第一間房子（這是他們買過最貴的東西），搬進去那一天，全家人都歡天喜地。

我爸辛辛苦苦工作了十年，學歷不足就認眞打雜工來彌補，終於從打雜工班晉升爲管理階層。他天天加班，連週末也不例外，別人不肯做的事，通常都由他包攬。有幾個星期，他一早五點半就到工廠上班，傍晚六點鐘輪完班，鍋爐卻在他眼前壞了，他知道除非鍋爐運轉，否則不得擅自離開崗位，結果只好熬夜加班。他在工廠的事事項項沒完沒了，下完暴雪停車場要鏟雪，停電了發電機要重新啓動。有一次，工廠失火，消防隊員趕來之前，我爸拿滅火器四處拚命噴。老闆爲了表揚他英勇救火，賞了他一張橄欖園的餐券，可以折價一千六百元。

就這樣工作了八年，上頭派我爸去監管Target貨倉的維修部，因爲表現優異，公司出錢讓他輪完班後到附近專校讀夜間部，讀完之後升他爲運輸經理，這是多少人夢寐以求的際遇。我爸順利完成了階級翻身——至少表面上是翻過去了。

鮑伯家具的卡車正在卸家具，每一樣都是前所未見的豪華，我媽附在外婆耳邊低語，指揮著哪一樣要搬到哪裡。我媽的社交恐懼症很嚴重，能不跟陌生人說話就不跟陌生人說話，動不動就要我們幫她點咖啡，或是問店員某樣沒標價的物品多少錢。

「那張新床鋪是莉荻亞的，」我媽低聲說：「還有那個衣櫥、那個懶骨頭，還有這些寢具，全部都是莉荻亞的。」

珍娜和莉荻亞在遠處互相追逐，繞著前院一棵小樹跑來跑去。我大妹和小妹的生日隔不到一年，照理說我媽應該要一樣疼才是，她們同樣精力無窮，臉上都長著雀斑，髮色跟我爸一樣淺，不認識的話還以爲她們是雙胞胎，但我媽卻莫名其妙偏心莉荻亞，不僅跟我這小妹的感情比較好，而且打從心底保護她，珍娜無論怎麼做都不得寵，我媽就是偏心。

「了解，」外婆小心翼翼問了一句：「所以哪一樣是珍娜的？」外婆根本懶得問哪一樣是要給我的，我的需求都是外婆在照顧，如果這批家具裡有屬於我的東西，那肯定是外婆買的。

「當然有嘍，」我媽說完，送貨員又將一把木馬搖椅分到莉荻亞的那堆家具裡。「這裡面應該還有一張床。」類似的情景年復一年，莉荻亞愈來愈得我媽的寵，但珍娜漸漸長大，終究要對我媽的偏心恨之入骨。

10 寶貝呀寶貝

「我們正要去睡覺，寶寶就出生了！」我才進門，露比就急著報喜。「爸爸打電話來告訴我們，然後我跟杭特跟公公跟婆婆就跳舞！」

露比這麼熱情，眞是可愛死我了，我趕緊裝出驚喜的樣子，其實我一大早就收到電子郵件，主旨是出生公告，宣布紗夏生了，我之前都不曉得有這種公告，透過網路昭告天下：有一條小生命降臨人間，看到那一連串收件者，我大吃一驚，竟然有上百人在等著這條消息，我只是其中一位，看來這寶寶才出生不到一天，認識的人就比我從小到大加起來還要多。電子郵件發出後幾個鐘頭，親朋好友的賀禮如雪片般飛來。

「寄這麼多來，怎麼辦？」我詢問紗夏的母親——露比口中的「婆婆」。我們看了看那一座座奢華的禮物山，看到後來，婆婆搖搖頭，說：「先挪出空間走路，禮物就留在前廳，紗夏回來自己看吧。」

接下來幾個星期，我發現照顧小寶寶需要兩方面的技能，第一是再累也要硬撐，第二是要能摸黑做事。我早上到的時候，紗夏還是老樣子——畫好全妝，頭髮梳得整整齊齊，早餐做好，大寶、二寶餵飽，睡衣換好，房子也打掃好了。我問她還好嗎？她說很好。不過，有時她會提到小寶寶常常睡一睡哭鬧，我才知道紗夏會在三更半夜躡手躡腳摸黑在屋子裡奔走，一邊安撫肚子餓的小寶寶，一邊打開溫奶器，等到奶熱了再溜進嬰兒房餵奶，餵到寶寶喝不下了，就開始換尿布、打開睡眠音響，抱著寶寶搖呀搖，搖到寶寶進入夢鄉，她才回到自己的床上。

如果寶寶半夜很乖，我估計紗夏大約可以不間斷睡上五個鐘頭。

不能好好睡覺實在太麻煩，上東區的貴婦大多會把錢用在刀口上，請個奶媽來家裡、沒日沒夜幫忙把屎把尿。奶媽一週上班七天，每天二十四小時，家裡有奶媽，貴婦就不用親自換尿布、清理割包皮的傷口、應付寶寶的腸胃困擾。但請奶媽很貴——在紐約，經驗豐富或持有證照的奶媽，請一天就要三萬元，這麼一點小錢，紗夏輕輕鬆鬆就能拿出來。但是，紗夏母愛爆棚，無論再怎麼辛苦、再怎麼煎熬，只要是母親份內的事，紗夏從來不假手他人，這一點我非常尊敬，但實在無法明白。

如果請不起保母，請不起奶媽，請不起傭人，請不起家教，這樣子當媽媽會是什麼滋味？紗夏這麼有錢，手裡的資源遠遠超過半數美國人，當起媽媽都已經困難重重，更何況那些未成年和單親媽媽？光說我就好，我每天帶小孩才九個小時，回家路上都累得半死，那些沒有伴侶、沒有資源、沒有後援的媽媽，要怎麼應付這麼繁重的工作？想到這裡，我靈光一閃——如果想知道答案，應該先從我媽問起。

我妹妹珍娜小時候超級亢奮，幾乎不用睡覺，整天「歡必霸」，姑姑都叫她「磨娘精」，調皮搗蛋就算了，珍娜還是無敵破壞王，上一秒才幫她收拾善後完畢，回過頭她又趁你不注意拿馬克筆在廚房的白牆上亂畫。某年平安夜，她爬上折疊桌，桌子垮下來，砸在她腿上。

我到現在都還記得，珍娜從折疊桌摔下來那幾個星期，我媽每天晚上幫她洗澡之前，都得一邊用塑膠袋把她腿上的石膏包起來，一邊用包巾把哭鬧的莉荻亞裹好，一邊還得轉頭吼我去寫功課（我連看了三集《大頭仔天空》，看得正入迷）。等到把莉荻亞哄睡，差不多也晚上九點了，但這還沒完，天亮之前，莉荻亞會討兩次夜奶，我媽兩次都親餵，餵完瞇一下，五點多就被珍娜吵醒，累不累我不曉得，但肯定沒有保母也沒有奶媽幫忙。

我突然一陣羞愧——我只看到我媽做得不好的地方，沒看到她也有她的強項。

約莫下午兩點，我正忙著把祝賀酒一瓶接著一瓶塞進冰箱，愛麗莎打電話來，問我要不要帶大寶、二寶去凱瑟琳家玩？我們已經在家裡困了一天，可以出門玩一下當然好，我翻出最厚的外套把雙寶包起來，用圍巾把他們的脖子裹住，再用手套把小手指頭一根一根套好，他們還那麼小，冬天的衣服對他們來說還太厚重，走起路來卡卡的，就這樣卡卡地往電梯走去，我叫他們等一下，有東西卡住了，禮物實在太多，大門關不起來。

好不容易搭電梯下樓，計程車已經在等了，門房護送我們上車，駛到東八十街外的豪宅區。

豪宅區不在公園大道或第五大道，地址雖然沒那麼氣派，但設施相對更加高檔。住在紐約首重地段，精華區和豪宅區的房子，一看就知道不一樣。豪宅區的房子動輒五十層，標榜無敵夜景、頂級公設、電影劇院，凱瑟琳住的大樓附設豪華的兒童遊戲室，這既是爸媽的福音、也是寶寶的福音，一來讓有閒的爸媽可以遛小孩消磨時間，二來讓不肯乖乖坐好的寶寶有地方放放電。積極上進的年輕夫妻大多住在豪宅區，富二代、富三代則住在公園大道的戰前老宅，這是人盡皆知的道理，新富階級才會去住豪宅區。

我傳簡訊告訴愛麗莎我們快到了，她在門口迎接我們下車。

「恭喜！絲蒂芬妮！」愛麗莎笑容滿面。

露比和杭特衝向各自的朋友，我則忙著把大包小包擺放好。

其他保母立刻過來，跟愛麗莎一樣恭喜我多了個新成員。

「謝謝。」我雖然面帶微笑，但心裡卻覺得她們恭喜錯人了，生孩子的又不是我，孩子跟我非親非故，我只不過是個保母。

「有沒有照片？」一位年長的中國保母問。

我手機裡有那封出生公告，上頭有一張照片，我點開來，保母們的讚美之聲不絕於耳，我忍不住再看一眼，確定我們看的是同一張照片？——沒錯啊，螢幕上是一個發紫的小小人兒，有一點像外星人，眼睛閉得緊緊的，頭上戴著保暖的針織帽，小小的臉蛋只露出一點點，我承認自己對新生兒一無所知，或許這些保母看見了我看不出來的天賦異稟。

愛麗莎開始回憶凱瑟琳剛出生的日子，驕傲得眉開眼笑。愛麗莎是職業保母，照顧孩子不是她的工作——照顧孩子是她的命。她執意認爲我現在有多愛大寶、二寶，以後就會有多愛三寶，我想她說的肯定不會錯，只是心裡難免有一絲存疑，畢竟三寶來得太快，我差一點忘了自己根本沒什麼資格帶小孩。

每天晚上，我回到寒酸的租屋處，聽萊菈說公司忙著核可哪些信用卡、哪些案子最後鬧翻，相比之下，我心裡的話根本只是雞毛蒜皮，但如果那天帶孩子帶得很順，我就會心情大好，萊菈的工作雖然比較厲害，但我私心認爲自己的工作更難。偶爾陪孩子陪得太幸福，幸福到我都忘了被自己放棄的夢想。

「對了！凱瑟琳媽媽有東西要給小寶寶。」愛麗莎說完，身影就消失了，再回來時，滿手都是禮物包。幹，又是一堆名牌奶嘴，我心裡雖然這麼想，嘴巴上卻保證紗夏一定會喜歡。

接下來一個鐘頭，我都在陪小朋友玩紅綠燈，中途停下來要了幾份起司玉米球。其他保母都不喜歡跑來跑去，所以這種激烈活動就只能靠我了。我無所謂。從高中到大學，我幾乎都在練球和比賽。愛麗莎和其他保母偶爾也會來參一腳，但她們的年紀大多大我四十歲，在帶小孩的體力活方面，我叱吒風雲，老人家只有當小嘍囉的份兒，我就只有這一點比得過其他保母。

「史蒂芬妮，有沒有小金魚餅乾？」杭特問我，我坐在窗邊的兒童餐桌，跟其他保母同坐。

「沒有耶，抱歉，都被你吃完了。」

愛麗莎問杭特要不要吃鷹嘴豆泥，杭特立刻婉拒。

我往托特包裡頭瞄了一眼，出門時滿滿的都是食物，現在幾乎全空了。「吃兔兔水果軟糖好不好？」我問，杭特說完好，立刻接過去撕開包裝。

凱瑟琳看著愛麗莎——眼睛睜得圓圓的，眼底滿滿都是央求：「我可以吃兔兔水果軟糖嗎？」

凱瑟琳被禁止吃甜食。她爸媽在福桃餐廳吃到「這輩子最美味的包子」，便從餐廳挖角，開出沒人能拒絕的薪水，僱了一位全職廚師來家裡打理三餐，凱瑟琳只准吃蔬菜和瘦肉，廚師幫她切成容易入口的大小，分量也抓得一克不差。我常常偷瞄凱瑟琳的食物，心想：貓都吃得比她好。

「拜託嘛？」凱瑟琳滿懷希望地問。

愛麗莎嚴格遵守凱瑟琳爸媽立定的規矩，她實在是被罵了太多次，不得不如履薄冰，搞得常常神經兮兮，都已經在凱瑟琳家工作十五年了（比我這大半輩子都還長），卻連變通一下都不敢。保母仲介在徵選時，開出的條件多半是「有團隊精神，懂得低調」，而傳統的保母也確實如此：躲起來靜靜帶孩子，不發出半點聲音。有一間仲介不讓一位保母接受僱主的面試，因爲招聘人員覺得她的個性「太張揚」。我眼前這些保母全都聽命行事，謹小愼微，從來不敢發表意見。我不禁納悶：一個七十歲的大人被人家當成小孩對待，這樣工作起來還能心甘情願嗎？

「喔，不行耶，小寶貝，」愛麗莎遺憾地說：「我們有小黃瓜片，也有甜瓜，還是要吃紅蘿蔔？紅蘿蔔很好吃喔。」

愛麗莎和凱瑟琳相視而笑，眼神帶著淡淡的哀傷。有一次，愛麗莎跟我說，凱瑟琳滿三歲的時候，辦了生日派對請朋友來家裡玩，在蛋糕端出來之前，凱瑟琳心焦如火，沒想到卻是檸檬口味的無糖有機蛋糕，凱瑟琳一句怨言也沒有，在場十八個小朋友，只有一個小朋友肯吃——就是凱瑟琳本人。

杭特和其他小朋友吃到一半，遊戲室的門開了，莉莉搖搖擺擺走了進來。莉莉一歲八個月，一出生就是個小富翁，常常來遊戲室玩。莉莉一家三口，爸爸媽媽僱了兩位保母、一位司機、四位管家，每次來遊戲室，都穿著亞曼尼的洋裝和毛皮背心。有一次，莉莉的寶寶連身衣標籤翻在外面，我看見上面清清楚楚繡著「VERSACE」（凡賽斯），那天莉莉開了一瓶盒裝葡萄汁，才喝了一口，剩下的全灑了，弄得滿身都是，完美地在六十秒之內毀了那件凡賽斯連身衣。

「嗨，芬妮！」莉莉媽媽熱情揮手：「我不知道你們今天會來！」

「愛麗莎臨時邀約我們，大寶、二寶在家裡好無聊，邀約及時上門，謝天謝地！」我笑著說。

莉莉媽媽是瑞典美女，英文說得很清脆，打扮得漂漂亮亮，剛認識我就對我很好，雖然只見過幾次面，但她總愛稱讚我很會帶小孩，彷彿覺得我是保母界的捉迷藏大師，每次我都兩頰緋紅，假裝沒這回事，但卻暗暗開心受到關注，儘管我沒什麼帶小孩的天分，但這位來自異鄉的白富美卻說我很擅長。我內心總是在拔河，一邊是從事這份工作的羞愧，一邊是做得上手的自豪。每天早上睜開眼睛，想到又要換尿布，心情實在雀躍不起來，沒想到小小的讚美，竟讓我快樂得飛上了天。莉莉媽媽又不能左右我的人生，爲什麼我沒辦法不把她的讚美當作一回事呢？

我們聊了大約五分鐘，我才回去跟其他保母坐在一起，小朋友都回到遊戲場上了，氣氛變得不太一樣，平常大家都高高興興，眼前卻烏雲罩頂，不曉得發生了什麼事。

「莉莉媽媽一開口就停不下來。」我一邊坐下一邊說。

大家不發一語、眼神迴避，只有一位保母嗤笑了一聲，就連心直口快的愛麗莎也沒搭話。「怎麼了？」我一時摸不著頭腦。

一陣沉默過後，我又問了一次，這次直接對著愛麗莎發問。

「絲蒂芬妮，莉莉媽媽才沒有愛聊天。」她嘆了一口氣。

「什麼意思？她剛剛拉著我足足講了三分鐘，說什麼東八十三街新開了SoulCycle飛輪教室，」我爭辯道：「疑？你們知道蘿莉．柯爾嗎？她也在那邊教飛輪，偶爾還會幫希拉蕊．柯林頓上課！」她們不認識蘿莉．柯爾，更沒聽過SoulCycle飛輪教室，我的熱情瞬間冷卻。愛麗莎再度開口。

「妳看過莉莉媽媽跟我們聊天嗎？」

我愣了一下。我想是沒看過，所以也就老實回答。愛麗莎點點頭，說：「她只找妳說話，不找其他保母說話。」

我哈哈大笑，怎麼可能有這麼荒謬的事。「愛麗莎，她只找我說話幹麼呢？」愛麗莎直勾勾地看著我，篤定地回答道：「她只找妳說話，因爲妳是白人。」

接下來四個星期，我暗中觀察莉莉媽媽，她會找其他媽媽說話，找爺爺奶奶說話，也會找我說話，次數多到數不清。從那天起，愛麗莎的話就在我的腦海裡縈繞不去。

我走到哪裡，愛麗莎的話就跟到哪裡。我在布朗克斯動物園秀出家庭會籍，沒有人會檢查我的身分證，但驗票人員卻打電話給凱瑟琳的家人，確認愛麗莎也能入園。

我開著紗夏的ＢＭＷ休旅車，載著雙寶到路程三十分鐘外的植物園玩，對我來說，這是天經地義的事，直到愛麗莎告訴我：她被禁止開車載小孩。

「妳不會開車嗎？」我問。

「我會開，」她悄悄說：「但凱瑟琳爸爸擔心我們祕魯人開車太危險。」

我很想相信白人紅利並未讓我在保母界起步得更順利，比我更有資格、更有經驗、更會帶小孩的保母大有人在。但我找不到證據反駁愛麗莎的話。

莉莉媽媽還是常常到遊戲室來。在接下來的歲月裡，我碰到她不下數十次。她還是很健談，而且專挑跟她一樣的白富美聊天。

11 棕櫚灘

我走下早上六點十五分從甘迺迪國際機場飛往棕櫚灘的飛機，接著還要搭三十分鐘的Uber，時間才早上九點，我已經在車上喝了第三杯星巴克，腦筋昏昏沉沉，陽光明媚的佛羅里達州亮得我睜不開眼，司機在寬敞的高速公路上奔馳，我對這地方完全沒印象，佛羅里達州我只去過奧蘭多市，從來沒聽過棕櫚灘外的什麼小島，紗夏說她娘家在島上有一間房子，問我要不要一起去，我立刻說好，愛麗莎說要好好享受的就是這種千載難逢的大好機會。

「小姐，到了。」司機說著，慢慢駛近目的地。

他開進一條單線車道，眼前矗立著兩幢別墅，再過去還有一扇小門，也是讓車輛進出用的，門邊立著牌子，寫著「服務人員」。後來我才曉得，島上所有別墅都有這樣的小門，通往傭人專用的停車場。兩幢別墅都很雅緻，其中一間略大一些，我看不清楚別墅上的門牌號碼，所以問了司機目的地在哪一邊。

「什麼意思？」司機的英文帶有濃厚的海地口音。

「就是，哪一邊是六三八號？」

他瞇起眼睛，一臉困惑：「兩邊都是。」接著他指著略小的別墅，說：「客房在那邊。」

「喔，太好了，謝謝。」我一邊咕噥，一邊拖著行李走往石頭小徑。

所謂的客房一共有九間臥室、十一間浴室，雖然說是供一個家庭入住，但其實住得下二十位客人，整幢別墅面海，海水溫度平均二十五度，別墅占地寬廣，四周都是綠油油、軟綿綿的草皮，有棕櫚樹，有慢跑道，有高爾夫球車可以在後院開來開去，有果嶺可以練習揮桿，游泳池旁有熱水池，熱水池再下去就是私人海灘。我本來還以為自己對於什麼叫富裕體悟甚深，來到這裡才知道富裕是一回事、有錢又是另一回事，買得起東西是富裕，而有錢就是任性。

我呼吸著潮濕的空氣，傾聽著海浪拍打在海邊的石頭上，眼前是一座大理石噴泉，泉水從混凝土的魚嘴徐徐噴出。我回想自己童年渡假的場景——隆冬的豪生酒店和濱海汽車旅館——冬天房價打折，所以才住得起。我念高中的時候，有一次全家跟著我們籃球隊到賓州比賽，比賽總共要打五天，我們家沒錢，每天晚餐只能吃墨西哥速食「塔可鐘」，我靠著超值捲餅和激浪汽水，撐過每天三場比賽，我們住的飯店非常粗糙，我媽在「熱水池」泡出滿身膿皰，我則得了鏈球菌咽喉炎，最後兩天只能抱病上場。整趟五天四夜的家庭旅行，花不到一萬三千塊。

「史蒂芬妮，嗨！」

我轉過身，看見紗夏的爸爸喬治，我猜他剛打完高爾夫回來。喬治把一袋高爾夫球桿擺在地上，問：「搭飛機還順利吧？」

我雖然見過喬治和他太太琪琪，但都只簡短寒暄幾句，就算共處一室，我通常也待不到十五分鐘，如今卻要在他們家待上一個星期，眞是緊張。

跟紗夏和三寶一起渡假是一回事，跟紗夏的娘家一起渡假又是另一回事，尤其這地方與世隔絕，分分秒秒都得跟一群陌生人待在同一個屋簷下，說有多尷尬就有多尷尬，隱私彷彿成爲前世記憶，講個電話還得提防被聽見，做什麼事都不敢太大聲——更別說上大號了。不管是吃東西、喝咖啡、出去玩，都得看僱主的意思，你只能祈禱月經不要來攪局，否則就連去換個衛生棉條都得跟老闆報備。

「很順利，沒有延誤什麼的。」

話才說完，我行李箱的輪子就卡住了，陷在一坨泥土裡，我用力扯了一下，背包的背帶從我肩頭滑落下來。

「哎，來，行李箱我來拿。」

我跟喬治說不用，但他很堅持，我手中的行李箱就這麼被他接過去了。喬治退休之前在華爾街工作，大半輩子都在成交案子、發財致富、捐錢蓋圖書館、購買豪宅，名下擁有多間房產、數輛豪車，甚至聘請紐約市芭蕾舞團，在大女兒的生日派對上現場演出。

我知道有幾位愛八卦的貴婦，總愛說喬治簡直是開銀行的，他在上東區堪稱家喻戶曉，但在這個陽光晴好的星期一早晨，他只是主動替金孫的保母提行李的平凡男子，這樣突如其來的善舉讓我恍然大悟：難怪紗夏那麼謙遜，她娘家上下都謹守社交分寸，這其實也不足爲怪，只是在上東區實在太難能可貴，所以才少見多怪。

我們距離正門還有幾步路，突然，前門推開了！

「史蒂芬妮！」露比和杭特尖叫。

他們張開雙臂衝向我，我們才五天沒見面，他們卻一副久別重逢的樣子。孩子的時間觀跟大人不一樣——有時候快得離譜，有時候慢得叫苦，一分鐘對孩子來說，很少是同樣的一分鐘。

「他們一直在等妳來。」我聽見紗夏這麼說，但大寶、二寶擋住了她的身影。

「我們畫了圖給妳！」杭特大喊。

露比牽起我的手，拉著我走到門口，門邊架著海報板，上面是歪歪扭扭的筆跡，洋溢著對我來訪的興奮之情：「ㄏㄨㄤ」「ㄧˊㄣ」「ㄈㄤ」「ㄋˊㄧ」。紗夏跟我快速交換了一下眼神，嘴角禁不住上揚，我直誇露比好棒！

進屋後，紗夏開始介紹她娘家的親戚給我認識。我曾見她姪子踢著足球從旁邊跑了過去，我之所以認出她姪子，是因爲在紗夏弟妹的ＩＧ帳號上看過。參觀到一半，紗夏媽媽說了聲「哈囉」，參觀到第三間客廳的時候，我聽見三寶的哭聲。我身旁有人在聊天——我甚至也聊了幾句——但我的心思已經飄到了這間別墅的每一處角落。

這裡未免也太大了，大到簡直難以理解，而且比單身名流的豪華公寓還要奢華，無論我怎麼轉，都可以看見窗景、清理泳池的帥哥、清潔人員、私人游泳教練，爲了維持一幢別墅的運作，竟然需要這麼龐大的團隊，這概念我連想都沒想過，忍不住頻頻獵奇。

「帶妳去參觀妳的房間。」紗夏說。等我們進房時，行李已經送到了。

紗夏連聲道歉，說本來要讓我住隔壁棟，但她弟一家需要更大的空間，只好讓給他。我說沒關係——是眞的沒關係，眼前這間客房，已經足足比我在紐約的臥室大了一倍。

我們還在討論客房的事情，外頭傳來另一扇門打開的聲音，接著是一陣進屋的腳步聲，更多客人來了。「喔，我弟跟我弟妹回來了，我介紹你們認識一下。」

某部ＨＢＯ強檔大戲當時正播到第六（還是第七）季，我的親朋好友都在追，有些甚至已經追完了，他們都不敢相信我竟然要跟其中一位大咖演員共度一週，我本人也同樣難以置信。我跟紗夏的弟弟初次見面，姊弟倆非常像，都很文靜、含蓄且面容和善，但他的明星太太跟我想像的完全不一樣——穿著運動長褲，戴著黑框眼鏡，隨興梳了個包頭，開口向我自我介紹（彷彿這世界上還有人不認識她一樣），我本來以爲她自私傲慢又無禮，沒想到本人親切又溫暖。她拿過兩座金球獎，身價破億，卻還大費周章跟我握手。

我認識的有錢人分為兩派，一派自命不凡、脾氣隨興、無法同理——這種很多，另一派則謙沖自牧（例如紗夏），介於兩者之間的屈指可數，不過，紗夏的弟妹倒是提醒了我：上流階級的財富往往掩飾了一件事：進口跑車也好，渡假別墅也好，私人飛機也好，只要距離夠近，有錢人也只是凡人。

踏上這趟小島之旅，就像搭上充滿矛盾的旋轉木馬。我們一到島嶼俱樂部吃午餐，我心中立刻覺得不妙，怎麼發現放眼望去看到的賓客都差不多？愛麗莎的話又在我腦海中盤旋，我雖然想過自己可能享有白人紅利，但確定真有其事還是第一次。幾週前的莉莉媽媽事件還記憶猶新，如今事實就擺在眼前——這座沙灘綠洲的賓客清一色都是上了年紀的白人，膚色深一點的只存在背景裡，像是廚師、餐廳雜役、維修人員，他們手腳俐落，沉默寡言，非必要不會出現。紗夏的弟妹好不容易讓這浮華世界多了一點人味，這間島嶼俱樂部立刻抹消了一切，我茫然到理不出半點頭緒。

這座島上的別墅要價六千萬到二十億不等，平均房價大約落在三億，島上長住人口八百人，因為島上的屋主每年只會來渡假幾個月，是全美國排名第二貴的城鎮，好萊塢明星畢．雷諾斯曾說過：這裡是「人間天堂」。

就我所知，這間俱樂部是整座島嶼的心臟，島上（因赫赫有名而獲贈會員的）居民無論早、中、晚都離不開這裡，全島就只有這麼一座商業設施，裡頭有商店、咖啡廳、市政廳，還有餐廳、小館、酒吧，就算白天想喝一杯也有地方可以去。此外，俱樂部裡設有游泳池、網球場、露營地、兒童遊戲設施，而人潮最多的當然是俱樂部的海灘，這間俱樂部不是普通的鄉村俱樂部，而是全球數一數二昂貴的俱樂部，這一點俱樂部的會員都心知肚明。

一位貴婦從我身邊走過，營養師亦步亦趨跟在她身邊，解釋剛才那道科布沙拉裡頭所有蔬菜的熱量。在我的想像中，這些有錢人只要一揮手，就能將我的學貸一次付清，想到這裡，我心中突然憤恨不平——周遭這些奢華，以前讓我除了崇拜還是崇拜，至於心生憎恨倒還是第一次——這些家庭擁有一輩子也花不完的財富，伺候他們的服務人員或許跟他們一樣能幹，但就是運氣差了點，出生時沒能繼承上億財產。

我開始懷疑自己當不當得了作家？成不成得了氣候？從小到大，身邊的人都說我們家的人沒出息，身處在這間俱樂部讓我開始疑惑：眞的是我們沒出息嗎？我究竟是怎樣的料？如果爸媽供得起我念大學，我的成就是否就不只如此？我是不是就不需要幫人家帶小孩？可是，我那麼不守紀律，對學習也不上心，或許命該如此？我愈想愈左右為難，究竟是我不夠努力呢？還是環境使然，再怎麼努力也翻不了身？哪一個才是正確答案？

紗夏問我要吃什麼，我選了焗烤起司三明治。雖然氣溫將近二十七度，紗夏卻用

BabyBjörn的嬰兒揹巾將三寶揹在胸前，寧可自己熱到，也要讓三寶睡得舒服。紗夏的老公在等出餐，露比在解釋要怎麼點冰淇淋給我聽。

「我們吃完之後，就可以去那個窗口任選兩種口味，而且還可以加配料！」

我問她要選什麼口味，結果還是薄荷巧克力，露比真的是小螞蟻！我們聊起我在家裡做給她的點心——鮮奶油加賀喜巧克力醬加七十粒巧克力米——露比和我不禁笑成一團。

三寶還沒睡過夜，紗夏通常凌晨就起床了，先餵飽三寶，再叫醒露比和杭特，簡直就是無敵鋼鐵女，就連出來渡假，她還是一刻也不鬆懈，上午帶露比去學網球，下午陪杭特游泳，中間還抽空擠奶。當媽媽的負擔眞是沉重，我媽年紀輕輕就當媽，負擔一定更重吧？

「痛痛！」杭特痛得大叫。

他本來高高興興假裝自己是超級英雄，沒想到沒算好沙發和地板的距離，砰一聲撞到咖啡桌，我雖然努力安慰他，但他只想找媽媽，只要是危急時刻，杭特一律只要媽媽，我多希望自己危急時刻也會想找我媽。

紗夏一聽見騷動立刻趕來，露比緊跟在後頭。

「哎呀，糟糕了，怎麼了，小寶貝？」紗夏問。

「撞到頭頭了！」杭特大哭。

紗夏轉頭等我確認，我點點頭。

「媽咪！我說要給妳看我畫的畫！」露比大叫。

「露比，媽咪知道，媽咪很期待，但可不可以等媽咪一下？弟弟現在很傷心。」

露比把頭往後一仰，這是要發脾氣的徵兆。說時遲那時快，紗夏的老公抱著三寶走進來了，三寶也在哭鬧。

「嘿，紗夏，寶寶不喝奶，妳來餵吧？」

紗夏還在安慰杭特，所以請老公等一下，老公說不能等，寶寶在哭鬧，說完露比開始尖叫，我主動說要看她畫的畫，她聽了更生氣！這下大寶、二寶、三寶都哭成一團了。

幾分鐘後，紗夏穩住場面，這靠的是耐心、愛心和超乎常人的能耐。我在客廳的角落看著紗夏餵完三寶，抱著三寶在客廳裡走過來、走過去，唇邊輕輕哼著搖籃曲。自從來到渡假別墅，我看其他大人每天早上不是在游泳池畔發懶，就是在海灘做日光浴，紗夏的老公沒事就滑滑手機，紗夏的爸媽也會出門去逛街，但我從來沒看過紗夏得閒片刻，紗夏這樣的母愛需要無私奉獻，我想我沒有這樣的胸襟，養小孩這種重責大任未必每個人都承擔得起。

接下來幾天，露比跟我都去沙灘玩。我們早上待在家裡，中午去俱樂部吃午餐，下午則一定會去海邊。每天三點左右，我們沿著石頭小徑走去私人沙灘，手裡拿著桶子和鏟子，在海邊蒐集有趣的貝殼，一找就是好幾個小時，蒐集起來拿回家沖一沖，再好好欣賞一番。海浪和海風雖然很療癒，但比不上跟露比作伴來得療癒。

我們坐得離海很近，近到腳趾頭可以泡在海水裡，露比靈機一動，說要開一間美髮沙龍，所以要我在沙灘上做一張椅子，於是，我坐在石頭堆上，讓露比幫我綁痛到爆的馬尾巴，她的手指頭卡著防曬油和海草，根本是地獄來的美髮師。

「好喔，去迪士尼搭什麼最好玩？」同樣的問題她已經問到第三遍了。

「我跟妳說了，我喜歡太空山，但幽靈公館也還不錯玩。」

「我絕對不要去幽靈公館，」露比說：「太恐怖了。」

「但太空山等於是摸黑搭雲霄飛車喔。」我提醒她。

露比想了一下，但信心滿滿地說：「哎，那還好啦。」

我被她的話逗笑了，但這陣子無論露比說什麼，都會惹我發笑。

在這座沙灘上，我發現自己深深愛上這份工作，從來沒想過自己會愛得那麼深。當保母原本是沒有辦法中的辦法，讓我可以賺錢去還（能不要背就不要背的）學貸。可是，就在露比幫我順頭髮的同時，回憶如潮水般湧現：我們已經相處兩年了，她怎麼就長得這麼大了？

我回想著她還在學怎麼綁鞋帶的日子，如今我已經在聽她拼寫自己的英文名字了。我看著紗夏將醒著的時間都拿來照顧孩子，而且從來不求回報，只要他們快樂就好。我愈看紗夏寵愛小孩，就愈憎恨自己的童年。她對孩子的付出和關愛，遠遠超過我媽的能力範圍，因此，露比有教養、心地好、有禮貌，而且尊重他人，跟我小時候完全相反。

太陽漸漸西沉，將海面塗成一片橙黃，露比跟我提著滿桶的貝殼，一邊走回家，一邊看海鷗。我感覺脖子後面曬紅了，又熱又辣，但我滿腹心事，沒心情多想。在公關公司上班的那段期間，下班就是下班，不會再去想工作的事，一切等到隔天進辦公室再說。如果突然想起某個專案，那也是轉瞬即逝。但跟露比一起待在海邊，我才發覺帶小孩的重點不是「帶」，而是「小孩」，學著去照料、去保護、去愛。人家都說不要把心思都花在工作上，因為工作不會回報你的愛。帶小孩這份工作很不一樣，這份工作會回報我的愛，但用情這麼深其實很危險。

那天早上，我無意間聽到紗夏跟婆婆的對話。她們在討論露比和杭特的暑期活動。露比一整天都會待在夏令營，反正明年就要上小學了，到時候也是整天都待在學校。紗夏說杭特會參加半天的夏令營，爲接下來念幼稚園做好準備。大寶和二寶很快就都要上學了，一個上整天，一個上半天，家裡就只剩下三寶，紗夏又是我見過最親力親爲的媽媽，雖然沒人開口，但我知道接下來大概就不太需要我了。

還有一件事。我跟愛麗莎相處的時間愈長，認識的保母就愈多。有一天，我聽到一位職業保母跟愛麗莎聊到新接的工作。

「工時很長，早上七點到晚上七點，」職業保母說：「而且還要煮飯和簡易打掃，但仲介用我的資歷幫我談薪水，結果談成我入行以來最棒的合約。」

「薪水多高？」愛麗莎問。

「年薪三百二十萬，包含醫保，聖誕節還有年終。」

原來在曼哈頓，領全薪的保母賺的比紐約郊區的管理階層還要多，這實在太令人震驚又太荒謬，讓我想忘也忘不掉。

某一天，我心血來潮，將履歷寄給市中心的仲介，仲介馬上回信——大學畢業又有第五大道的工作經驗，這樣的應徵者每個仲介都想聊。幾天後，一位小姐打來，說：「我們目前手上的案子，年薪從兩百四十萬到三百二十萬都有。希望妳可以親自來跟我們談一談。」

我告訴她我會去，但我內心天人交戰，心想：既然做了打從一開始就根本不想做的工作，那就應該盡量多撈一些好處。我的步伐落後露比幾步，她突然拔腿往別墅跑，「來追我啊，史蒂芬妮！我們賽跑回家！」

我馬上追過她。看著她兩條細細的腿奮力追趕，我細數著自己對露比的了解：最喜歡薄荷巧克力，就算夏天也要吃聖誕巧克力拐杖糖餅，每天花很多時間做美勞，不太會用玩具烤箱，最好的朋友是個金髮小女孩叫凱洛琳；跟其他小朋友一起玩的時候，露比永遠是最乖的那一個，她喜歡體操但不喜歡足球，最愛的主餐是Perdue雞塊，她討厭花生醬，覺得花生醬爆炸難吃。每天晚上她都要躺好久好久才會入睡，甚至當你以爲她終於睡著了，其實只是閉著眼睛在休息。她今年六歲了，頭腦聰明，心地善良。我跟露比非親非故，既不是她的姑姑，跟她們家也沒什麼交情，但我對她的感情卻是濃得化不開的親情。

我知道是時候該放手了，即便我再怎麼愛這份工作，工作就只是工作，夠聰明的話就應該離開，待得愈久我只會愈愛這幾個孩子。

對吧？

12 超難抉擇

杭特和我在東六十八街的小公園等玩伴來。我們從佛羅里達州回來好幾個星期了，紐約天氣回暖，中央公園的樹開始發芽，我看著觀光客站在櫻花樹下，拚了命想拍出美照上傳ＩＧ。

「史蒂芬妮，我餓了。」杭特抱怨。

「我知道你餓了，璞希麗雅快到了。」璞希麗雅四歲，個性很差，但她爸爸跟杭特的舅舅是好朋友，所以我們也只能等，而且都已經等了三十分鐘了。「看，她來了。」

我指給杭特看璞希麗雅在哪裡，兩小無猜就跑去溜滑梯了，我樂得鬆了一口氣，找了一張長椅坐下來，整個人頭暈眼花，我伸手按了按肚子——已經鬧了好幾天了，彷彿宿醉一樣，一直好不了。我掏出手機，傳簡訊給萊菈。

還是想吐嗎？她問。這症狀沒有要放過我的意思。

超級！我回。

她說我明天應該約個診，但我明天要上班。我回她說如果週末還是這樣，就找間診所檢查一下。我放下手機，費力讓屁股離開長椅，裝出沒事的樣子給杭特看。

奶奶嫁給爺爺之前曾經訂過婚，未婚夫叫戴爾．歐德，他們是死黨（我是指爺爺和戴爾），但想也知道，兩人最後鬧翻了。第一次訂婚那年，奶奶十六歲——她十二歲就輟學，所以十六歲結婚已經算晚了。訂婚之前，奶奶懷了戴爾的孩子，兩人的婚禮訂在預產期之前，但七月某天晚上，天氣燠熱，奶奶和戴爾大吵一架，吵得非常激烈，吵到三位鄰居分別報警，警察趕來之前，戴爾發飆，朝奶奶的嘴巴揍了一拳，奶奶便漏夜離家出走。

再過一星期，曾祖母帶奶奶去婦女之家，奶奶從側門進去，下樓到水泥地下室，再回到曾祖母的車上時，肚子裡的寶寶已經沒有了，婚約當然也吹了。

我正回想著這段往事，護士遞給我一盒蘋果汁，說也奇怪，我記得最清楚的就是這一幕——一盒蘋果汁。我給萊菈的簡訊裡提到的噁心想吐遲遲沒有起色，週末跟朋友狂歡了一整夜，狂灌蔓越莓伏特加，在人擠人的夜店跳舞，隔天卻還是想吐。起床後，我找了間診所抽血、掃描，最後由一位陌生的中年男子告訴我——我懷孕了。

大家都想告訴我接下來怎麼辦，但我只想要大家通通閉嘴。

「當然也可以找個人領養，世界上很多有愛心的夫妻想領養小孩。」一位資深護士說，接著便匆匆跑開，我看到她戴著黃金十字架項鍊，就知道她這是在出什麼招了。我外婆也戴著同樣的項鍊，而且跟所有虔誠的天主教徒一樣不贊成墮胎，只贊成向聖母瑪利亞祈求寬恕——這我非常非常需要。我一邊喝蘋果汁，一邊聽出院須知（我眞的有努力在聽）。我跟紗夏請了一天病假，傳簡訊說身體不舒服，這倒也是實話，我這輩子從來沒這麼不舒服過。

有人從我身邊經過，問我要不要餅乾？我說不用，對方要我多休息。

「身體覺得怎麼樣？需要再休息一下嗎？」

我抬眼一看，是另一位護士，臉上掛著同情的微笑。診間裡還有其他女性，我一邊環顧一邊想：她們是不是跟我有一樣的矛盾？

「我沒事了，」說著我慢慢起身，準備離開，「這裡有垃圾桶嗎？」

「有喔，在那邊。」

我把喝完的蘋果汁紙盒丟進垃圾桶，走出診間。

一到外面，我立刻打給我媽。外婆太虔誠，兩個妹妹的年紀又還太小，消化不了這麼複雜的事，我爸就更不用說了，沒人會想跟爸爸聊這種事，還是打給我媽最合理，她一接起來，我整個人都放鬆了，一邊講一邊哭，講得亂七八糟。

講完後，我抽抽噎噎，哭得上氣不接下氣，找了張長椅，坐下來緩一緩。

「需要我去一趟紐約嗎？」

這還用問嗎？但我聽我媽語帶猶豫，看來她別有心思。我頓了一下，不知道該說什麼才好，只是抱著一絲希望，期待她明天早上會來找我。

「如果可以的話……但如果太麻煩，不用來也沒關係。」

「好吧，」說完她又猶豫了好一陣子：「妳先睡一下吧，我晚一點再打給妳。」

「嗯，好。」說完，我掛上電話，喉嚨感覺好緊好緊。

我走回租屋處，既不曉得接下來該怎麼辦，也不曉得該怎麼放下這段緣分，只覺得好孤單。萊菈還沒醒，在夜店狂歡了一整夜，這麼早肯定爬不起來。我就這樣一個人度過了一整天。

再次見到我媽，是三個月之後的事了。我回羅德島看家人，那時的我，已經認不得自己了。

一開始，我幾乎不提墮胎的事。我在腦海反覆練習了各種說法，到後來究竟哪個版本才是事實，我都快記不起來了。比較親近一點的朋友——跟我夠熟，察覺我不太對勁的人——聽到的版本是我流產了（這個說法比較容易講出口），真相則是我做了一個既可恨又羞愧的決定。我沒去看婦產科醫生推薦的諮商心理師，反而把這段經歷反鎖在心底，每天早上起床、上班、幫別人帶小孩，彷彿什麼事都沒發生過。

雖然知情的朋友大多諒解我的決定，但還是有幾個忍不住問我：「有沒有後悔過？」孩子的爸跟我不熟，只出去過幾次，事情變成這樣，我們兩個都有份，可是從來沒有人提起他，好像他沒有責任一樣。在我看來，上帝只會審判我，不會審判他，雖然我不確定自己到底信不信上帝，但我確定上帝判給墮胎婦女的懲罰，不可能比我們內心的自責還要更可怕。

我漠視這份傷痛，直到記憶淡去，彷彿這只是一場夢。可是，我週間一早都得到上東區，紗夏家裡有個小寶寶——但卻不是我生的。

罪惡感排山倒海淹沒了我，我視而不見，放任自己怨天尤人、尖酸刻薄、氣憤難平。我的腦袋比任何人都更清楚還沒準備好就生小孩會是什麼後果，除非眞心想要小孩，而且心智成熟、生活穩定，但這三個條件我都不符合，而我的工作偏偏就是幫人家帶小孩。如果把孩子生下來，我得靠政府救濟才有地方住、才有東西吃、才能養孩子。雖然我可以繼續當保母來供孩子吃住，但我幫別人看顧孩子的時候，誰來看顧我的孩子呢？如果我不當保母，孩子可以自己帶，但我就沒有收入了，畢竟保母沒有育嬰假可以請。雖然這一切都是出於不得已，我還是不斷問自己：我怎麼能選擇不要自己的小孩，卻去幫別人帶小孩？

過了一個月，該來的還是來了。

「大寶和二寶白天去夏令營和去上學了，不太需要另外找人照顧了。」

因爲懼怕這一刻的到來，所以我做足了心理準備：太好了，要好好利用這個機會去找薪水更優渥的工作！太好了，世界上還有福利更好的工作！可是，這些都不是我突然離職的理由。我在紗夏家工作這麼久了，跟她的寶寶和她的家人都相處自在，但我現在亟需遠離任何會讓我想起過往的事物。

「或許可以請妳來兼職？工作時間稍微縮短一點？」紗夏接著說，但我打斷她。

「我雖然很愛妳的孩子，但我需要的是全職，而妳要的是兼職。」紗夏同意我說的話。我差不多該離開了。

我陷入了嚴重的個人危機。我口口聲聲說要比我的家人更成功，卻犯下跟我爸媽一模一樣的錯誤，只是我不像他們那麼有勇氣，懦弱的我並未正視自己的錯誤，反而無視自己的錯誤。在第五大道工作雖然豐富了我的人生，卻也讓我懷疑自己在這世界上的定位。我究竟是來幫人家忙的？還是來讓人家幫忙的？我的人生就這樣了嗎？在上億豪宅裡換尿布就是我人生的巔峰了嗎？還是有更光明的未來在等著我？什麼是壞媽媽？是我那帶小孩帶得跌跌撞撞的媽媽嗎？還是自私自利、連把孩子生下來都不肯的我？

過了兩個星期，我最後一次離開紗夏位在第五大道的豪宅，爲了讓離別輕鬆愉快，紗夏沒告訴孩子我要走了，而是編了個故事，說我去避暑了：

「史蒂芬妮要去放暑假了，就像我們去漢普頓，史蒂芬妮也要去避暑別墅，等我們回來再一起碰面喔。」

我哪來的避暑別墅。不過，萊菈和我倒是搬了新家，紗夏給我的薪水讓我終於可以搬離東哈林區，但我在曼哈頓中城的房間跟衣櫥差不多大，夏天溽熱異常，簡直難以呼吸，難怪這一區叫「地獄廚房」——這一點諷刺我還是聽得出來的。萊菈的房間在客廳另一頭，但我們現在關係緊張。自從墮胎之後，我整個人彷彿封閉起來，剛開始，萊菈還會安慰我，可是沒有用，我對她大吼大叫，罵她是爛朋友，說她嬌生慣養，甚至過分到說她跟她媽一個樣。任何一點小事，都足以讓我抓狂。萊菈換個方法，給我多一點空間，但我還是很不爽，到最後她無計可施，我則變得更尖酸苛薄，更慘的是，我沒有悠哉過暑假的本錢，我有帳單要繳，需要趕快找到新工作。

當然啦，我還是會回第五大道看露比和杭特，但以前是以前，現在是現在。

在紗夏家的最後一天，我帶大寶、二寶去買冰淇淋，我在櫃檯看了一下有哪些口味，接著告訴露比有個壞消息。

「薄荷巧克力賣完了。」

「喔，沒關係。」露比說，我很詫異。

「眞的？」

「眞的，薄荷巧克力我已經吃膩了。現在改吃香草口味了。」

我把履歷投到紐約頂級的家管仲介，六月下旬（離開紗夏家之後過了三個星期）接到電話要我去面試。

「星期一可以嗎？」電話另一頭的女士詢問我。

「可以，星期一沒問題。」

「太好了，」她驚呼，「收到妳的履歷我超級興奮！我們有個客戶住在西村，妳的條件完全符合！客戶想找大學畢業的保母，會開車，會游泳。喔！客戶家有兩個超級可愛的小寶貝！妳一定會愛死了！」

「真的！」話是這麼說，但我其實提不起什麼勁。兩個可愛的小寶貝雖然很討喜，但卻住在西村往北七十條街，而且這家人很少進城。儘管很想念露比和杭特，可是我很清楚是時候該放手了，這樣才能好好利用保母這份工作。

否則我當初又何必離開人生正軌呢？

說完星期一見，掛上電話，我收到紗夏寄來的電子郵件。

靠著冷氣機瀏覽紗夏寄來的信，我心中悲喜交加。紗夏在信裡說三寶在學爬了，杭特開始上游泳課，讀到杭特最新的嗜好是在水裡吹「屁屁泡泡」，我哈哈大笑。紗夏說杭特雖然喜歡游泳，但更喜歡在熱水池裡發懶。

露比的近況交代得更多也更詳細，她已經參加了一個星期的夏令營。過完這個暑假，露比就要上小學，這所貴族女校要求所有新生都參加夏令營，這樣才能提前適應全天班的生活，這個點子雖然很聰明，但稍嫌寵溺，紗夏說露比好愛參加夏令營，每一分鐘都過得很開心。

曼哈頓爲了搶名校搶破頭可是出了名的，但露比卻輕輕鬆鬆搶贏。爲了讓家裡的五歲小娃擠進名校，家長至少得捐個幾十萬，錢捐出去還不夠，緊接著還得跟名流權貴的孩子競爭，這些孩子都是富N代，家長各個大有來頭，都是叫得出名號的大人物。

申請這些名校需要好幾個月，家長和孩子都得參與。小朋友必須乖乖坐上幾個鐘頭，不僅得參加面試和紙筆測驗，還得發揮社交技巧讓學校觀察。媽媽們則要參加作文比賽，長篇大論介紹自家小孩特出之處，但是四歲小孩都差不多，想要脫穎而出並不容易，大家都只會拼寫簡單的字，吃早餐的時候還會吃到自己的鼻屎。

紐約有錢人家的小孩大多會申請六至七間私立貴族學校，如果可以錄取三、四間，就算運氣不錯了。上東區的道爾頓學校每年送三成學生進入常春藤名校，想把小孩送進去，家長得花一整年的時間捐錢、建立人脈，但錄取率只有百分之十四，跟達特茅斯學院一樣難進。

這整個荒唐的申請程序，目標就是贏得眾人覬覦的獎賞——讓孩子進入學費比大學還貴的貴族小學。在紐約念小學三年級，學費每年一百四十萬很正常，家長都付得很開心。不過，露比的情況特殊。露比的媽媽讀的是史賓莎學校*，阿姨和姑姑也都讀史賓莎學校，表姊妹、堂姊妹都讀史賓莎學校。紗夏只幫露比申請了兩間學校，另一間是爲了保底，但露比注定要讀史賓莎學校。

在電子郵件的末尾，紗夏附了一張露比的照片，她咧嘴笑著，穿著海軍藍的小裙子，裙襬正好過膝，雖然我愣了一下才認出來，但實在太像了，絕對錯不了。我立刻上臉書找我以前的照片，往前滑了至少上百張，滑過好幾年的歲月，終於來到我二〇〇七年的個人頁面，果然——十五歲的我，上女校的第一天，雖然跟露比讀的不是同間女校，但還是有相似的地方，我把兩張照片擺在一起，兩個滿懷希望的女學生，穿著相稱的制服裙子，看起來幾乎一模一樣。

我這才想起來：是學校成就了今天的我，我人生的一切都可以追溯到同一個關鍵時刻：我踏進私立中學的那一天。

---

*編註：The Spence School，一八九二年成立，位於紐約市曼哈頓上東城的私立女校，招收幼兒園至十二年級的學生，重視學業成績和品格培養。

13　林肯女校

二〇〇七年，林肯女校同意讓我入學，但有一個條件：重讀十年級。七年級升八年級前後，我瘦了九公斤，長高了十三公分，下雪天也跑去外面練習罰球，練到手指流血才肯回家。我終於有一項引以爲傲的技能。我爸（或許是看到當年的自己）用僅有的少少積蓄，送我去參加林肯女校總教練辦的籃球夏令營。

我爸高中是曲棍球明星，打進全州最佳曲棍球守門員。他在詹斯頓鎮結冰的湖面上學溜冰，從樹林裡找樹枝充當曲棍球棍，還自己做了球網練習揮桿。爺爺總是喝得醉醺醺地去看他比賽，每次都對著裁判大罵：「他媽的是瞎了眼嗎？白痴！」直到被逐出球場爲止。而每次比賽結束之後，奶奶一出球場就先搧爺爺的頭，但臉上還是掛著笑容，因爲她的明星守門員兒子再次完封對手，這小小的肯定是我爸爸一生的驕傲，他看出我有打籃球的天分，就請了全州最好的教練來教我。

總教練提議我轉學到林肯女校，但感覺就只是口頭提議而已，而且還是個很爛的提議。

「我們體育組長明天會到校，她會順道過來看妳，」教練警告我：「妳要做好準備。」

午餐過後，薇薇安來了，個頭大約一五〇公分，穿戴整整齊齊，直挺挺地站著，一臉嚴肅，像極了Ralph Lauren型錄裡拘謹的模特兒。她在場邊走來走去，我一連打了好幾場一對一，贏了一場，又贏了一場，再贏一場。我不是爲了要念林肯女校才在薇薇安面前逞威風，老實說，她來看我的那一天，我對私立學校毫無概念，我只是很開心自己終於也有專長，所以想要愛現一下。

薇薇安那天什麼話也沒有說，但她離開體育館時，我已經連贏了六場一對一，隔天林肯女校就寄入學通知來了。

林肯是純女校，注重課業，畢業率百分之百。對於學業成績，我向來得過且過，代數學被當過兩次，而且我也沒打算學會（都已經重修到第三次了）。林肯的官網得意洋洋宣稱畢業校友全數錄取大學，該校一年的學費差不多等於我爸一年的薪水，但他們頒發清寒獎助學金給我，幾乎全額抵免了我的學費。我怎麼會跑到這種地方來呢？

我本來念的是北普羅維敦斯中學，一個年級有九百五十一位學生，而且只有一位導師，導師可能會記得你的名字，但記不得也不是什麼壞事。我對功課向來是有寫就好（眞要說的話，其實幾乎沒寫過什麼功課），反正學校的要求很低，我爸媽也不重視教育。這麼在乎成績幹麼呢？我爸擁有一技之長，這輩子不靠其他的，全靠技能吃飯。

我常常被罰留校察看，數學怎麼學都學不會，還上過兩次暑修。四年級的時候，有一次我從學校走回家，路程大約八百公尺，一路上都在想我那學期的成績，儘管嚴冬凍得我手指發疼，我還是沒把手縮起來，覺得拿在手裡的成績單實在太厲害，怎麼也捨不得收進書包裡。一進家門，我驕傲地把成績單遞給我媽看，等著她鼓掌歡呼，她好奇地瞥了一眼，接著一臉茫然地看著我。

「還不錯，」我問：「對吧？」

「芬妮，妳拿了兩個C、一個D耶。」

「但也拿了兩個A啊！」

「那是體育跟健康教育……」說著她難以置信地搖搖頭，又假裝掃地去了。

我對課業不上心，從我的成績來看，我確實不太擅長念書，活到這麼大，我也找不到熱心求學的理由，反正我看不出來認眞念書要幹麼就對了。

但現在我轉學到林肯女校重讀十年級，整個年級只有三十三位學生。

「我要往哪裡走？」我問我爸。那天是開學第一天。

他聳聳肩。「我哪知道？」

我坐在我爸那輛克萊斯勒PT Cruiser的乘客座，這是他第一次買最新改款的車型，我們全家上下都像坐到藍寶堅尼一樣激賞不已。可是，我環顧了一下四周接送小孩上學的車輛，才發現自己有多顯眼，我們家這輛紅色Cruiser雖然很迷人，但是其他女同學搭的都是賓士、Range Rover、凱迪拉克，這讓我想起兩天前剛剛發生的一件事。

「吼唷，珍娜，過去一點！」莉荻亞說。

「沒辦法！沒空間！」

「噓！兩個傻妞！」我媽噓了她們。

我們母女四人擠在我臥室的衣櫃裡，我爸靠在門邊，屋裡一片漆黑，看不到大家的臉，但我想應該都嚇呆了。車道傳來鏗鏗鏘鏘的聲響，那男的該做的都做了。

「走了嗎？」我媽好不容易低聲問了一句。

「去看看。」我說完，全家一起躡手躡腳走出去。

小時候，我們家過得淒慘又徬徨，長大後反倒坦然自在，比較少上演哭哭啼啼的青春偶像劇，一家子吵吵鬧鬧，彼此用綽號相稱，就連外人都叫我阿芬，叫我媽阿荷，叫我妹妹阿珍和阿莉，唯一的例外是我爸，大家都叫他死胖子，而我也從不聽話的小孩子，變成無法無天的青少女。我爸雖然是個有趣的人，但實在上不了檯面，儘管鹹魚翻身跌破眾人眼鏡，可是仍然一臉窮酸樣，畢竟他大半輩子都靠著政府救濟節儉度日，從藍領到白領是一碼事，在白領中優游自得又是另一碼事。

現在回想起來，實在搞不懂人家來收回我們的釷星汽車，我們躲在衣櫃裡幹麼？

又不是什麼晴天霹靂的大事，我媽早就講清楚說明白，決定不再還那輛釷星汽車的車貸了。

「史都，這車根本是垃圾，」我媽吼道：「我恨死這輛車了！」

「好啊，那就讓雞掰討債人來把車討回去啊。」我爸說。所以，過了二十二週，雞掰討債人就把車討回去了。幾天後，跟家人躲在衣櫃、不喝水只喝健怡可樂的我，卻走進了一所同學閒來無事就穿lululemon的學校，大家從小就會自己榨果汁來喝，我看著學校的大門，胃裡一陣翻騰。我究竟幹了什麼好事？

開學幾天後，我爸媽陪我參加了第一場課後活動。那是一場歡迎會，老師安排我們圍著圓桌入座，校長要我們裝飾自己的餐盤——爲了永續發展，學校買了可重複使用的餐盤——我爸媽滿眼驚恐，看著一群青少女用繪兒樂馬克筆在餐盤上塗鴉，又是花朵、又是愛心的，我倒是毫不在意。自從入學以來，林肯女校最不可思議的就是午餐了，既可以吃自助餐，又少了我媽在一旁監看，簡直是天下第一大樂事。公立學校的午餐頂多給個幾塊雞塊配巧克力牛奶，林肯女校則免費提供各式料理供學生選擇。每次到食堂——林肯女校稱之爲飯廳，絕對不會只有兩三道光用看的就倒胃口的主菜，而是各式菜餚琳瑯滿目，包括炙烤波蘭香腸、主廚沙拉、飯後甜點，愛夾多少次就夾多少次。

彩繪完餐盤之後，身穿Lilly Pulitzer碎花洋裝的媽媽們隔了一個暑假沒見面，紛紛起身互相擁抱，我媽安安靜靜坐著，穿著寬鬆的運動褲和我爸的Reebok帽T，當下的我沒有想太多，我唯一認識的服裝只有運動褲，任何場合都能穿，因此，在我看來格格不入的，反而是那些把壁紙穿在身上的媽媽們。不過，隨著我的生活愈過愈精緻，我對我家的服裝品味開始改變。不久之後，每次我打開衣櫃，心裡總會湧上一陣羞愧。

活動結束後，我爸開車載我們回家，在車上宣稱林肯女校是他去過「最蕾絲邊的學校」，我雖然跟著他一起嘻嘻哈哈，心裡卻是驚恐萬分，早在其他人知情之前，我就知道自己在學校會成爲邊緣人。可是，開學第一天，我逼自己下車的時候，還不曉得打進新圈子難如登天。

女同學們穿著Lacoste的Polo衫、邁著鉛筆腿，趾高氣揚地走進校門口，彷彿女王回宮，大家的格子裙都車了縫邊露出膝蓋，我低頭看了看自己僅有的一條制服裙——因爲太貴，我媽只給我買了一條——「別弄髒了。」她一邊說，一邊無奈地在櫃檯結帳一千六百元，全是我外婆出的錢。可是，怎麼就沒人告訴我裙子要改短呢？新來的轉學生很惹眼，新來的窮學生（彷彿從《草原小屋》走出來）可就更扎眼了。

「可以陪我進去嗎？」我脫口問了一句。

我爸眼神空洞看著我，這就算是回答了——答案是不行。我們全家都無法融入這裡，但他們跟我不一樣，我得努力融入，他們不用。林肯女校鼓勵學生直呼老師的名字，家長每年的捐款少說也幾十萬，我爸媽怎麼也想不通這是在幹麼。

我下車走向那兩扇紅色大門，路程雖然很短，但我全程低頭。進門後，我告訴接待人員：「我在找教室。」

她朝著身後比了比，那教室看起來像華盛頓故居裡的客廳。我咕噥了一聲「謝謝」，便匆匆忙忙跑進教室。裡頭大約有三十位女同學，有些坐沙發，有些坐椅子，有些坐地板，教室中間有一張大桌子，旁邊坐了幾個小圈子，坐在正中央的一看就知道是班上的酷女團，全班最漂亮、最有錢的都在這一團，她們自稱九公主，不過這是後話，我剛進教室的時候完全不曉得。

「大家早安。」

一位年輕的知性女老師——法蘭老師——努力掌控全場，但沒有什麼人理她，她點名的同時，笑聲此起彼落，少女們放了個長假回到學校，當然一個比一個還要興奮。我仔細聽老師一一唱名，愈聽愈奇怪，怎麼同學的名字都這麼像——蕾希、史黛希、愷希，如果想融入這裡，看來需要兩個條件，第一，擁有一千六百萬，第二，改名成史蒂希。

「史蒂芬妮．基瑟？」法蘭老師叫到我了。

鴉雀無聲。教室裡的少女們從小到大都同班，光是點名單上出現新名字，就足以讓全班安靜下來。我感覺臉頰發燙，怯生生舉起了手。

法蘭老師語帶同情對我說：「史蒂芬妮，很高興妳到我們班上來。」

「謝謝。」我細若蚊聲道。

林肯女校招收的學生，向來——至少在我之前——大多是名人的千金，有個國中部的學妹爸爸是《北極特快車》的作者，比這位學妹大一屆的學姊的爸爸是美式足球新英格蘭愛國者隊的線衛，而點名時坐我隔壁的女生叫雅麗，雅麗的媽媽剛剛創辦了輕奢珠寶品牌「雅麗與雅妮」（Alex and Ani），等到我們畢業那一年，放眼望去滿街都是「雅麗與雅妮」的手鐲。

法蘭老師點完名宣布解散，我一邊收東西，一邊努力記住我的置物櫃號碼，前腳才剛踏出教室，就被九公主的成員叫住了。

愷希身高一百七十五公分，身材瘦得嚇人，靈魂破了個大洞，裡頭全是殺蟲劑。她站在我面前，身後站著另外兩位九公主，萊莅是其中一位，她也參加了籃球夏令營，而我之所以記得她，是因爲她打得特別差。萊莅身材豐滿，看上去比我們都成熟，可能是長得太漂亮了，所以怎麼罰球都罰不進。我們之前在籃球營沒說過話，這次在教室是第一次打招呼，她跟我說完哈囉就跟朋友道別，說要先去上課了，她一離開，教室裡僅存的善意也跟著走了，我尷尬地挪了挪身子，愷希跟我大眼瞪小眼，感覺瞪了好一陣子，她才終於開口。

「妳那雙勃肯，假貨喔？」

我低頭看了看自己的腳。老實說——我眞的不知道，連勃肯是什麼都不曉得，學校叫我買什麼我就穿什麼。

「不知道，」我說：「大概吧？」

愷希和朋友哈哈大笑，我不確定她們在笑什麼，還自以爲幽默，默默鬆了一口氣。

「妳家住哪裡？」愷希問。

「北普羅維敦斯。」我說。

「媽啊。」她回應道。

我明知道她擺明瞧不起我，但我還是可憐巴巴搖尾乞憐，討好地問了一句：「妳家住哪裡？」

「不住北普羅維敦斯。」愷希大笑道。

就在那瞬間，我滿肚子火，完全不想討好她，只想回嗆幾句，但腦子卻轉不過來。愷希抓了Burberry圍巾圍在脖子上，點頭示意朋友走人。

「這條圍巾，」她跟我擦肩而過時壓低聲音道：「搞不好比妳的命還值錢。」

換作在我的舊學校，說這種話根本是討打，光聽到拳頭就硬了，我雖然也想證明自己不好惹，但新學校跟我從小到大生長的環境畢竟不一樣，碰上這種羞辱，我一時之間不知作何反應，換作是奶奶，早就一拳打爛愷希的嘴，但我一言不發，反而做了從小到大沒人教過我做的事——接下來十年，這件事變成了我的習慣，讓我從任性亂說話的小孩，變成忍氣吞聲的大人——我把話吞回肚子裡。

眼前這幢純白的英式老宅雖然宏大雄偉，但光是大還不足以挑起我的好奇，眞正讓我好奇的是那扇紅色大門，任何小孩看了，都會覺得那是通往奇幻世界的大門，而門後的世界也確實相當奇幻。我第一次去廚房和飯廳隔開的房子就是萊菈的家，她家乾淨到可以直接舔地板，我才參觀完一樓，就覺得這裡的廳房一間比一間更令我驚奇，連玄關的方格地磚都好講究。

「要去看我的房間嗎？」萊菈問。

我說完好之後，我們還必須走好長一段路，感覺爬了一百萬階樓梯，從前聽數來經過了好幾支古董花瓶，一路上我東瞄西看，生怕錯過一點細節，畢竟我不確定之後還有沒有機會再來。萊菈邀我的時候，我超級震驚：「妳放學要不要來我家？反正四點才要練球？」

萊菈心地善良，長得漂亮家裡又有錢，還是令人聞風喪膽的九公主之一，要是讓凶神惡煞的愷希知道我來萊菈家，肯定不受待見。萊菈是人氣王，我是鄉下土包子，轉學到林肯女校短短幾個月，我就因爲三件事鬧得人盡皆知：不寫功課、愛逛沃爾瑪、罰球百發百中。萊菈跟我做朋友，身價一定會一落千丈，這我心知肚明，我猜她肯定也曉得。

萊菈家的一切都美到像在演戲，每間房間彷彿都在訴說一段故事。萊菈臥室的天花板漆著淡淡的雲彩，壁爐架上擺著小甜甜布蘭妮親筆簽名的照片，牆上還有裱框的插畫，是萊菈的爺爺畫的滑稽小熊，每一隻都穿著蓬蓬裙在跳舞。此外，臥室裡有個閱讀角落，正對著靜謐的院子，除了圖書館之外，我從來沒看過誰家裡有這麼多的書。

「我媽今天去逛街。」萊菈看我瞄了瞄床上那座衣服山，順口解釋一下。

「今天是妳生日還是什麼的嗎？」我問，因爲我不知道世界上有人隨便買個衣服就能塞得下半個衣櫃，我妹跟我都是過節或是開學第一天才有新衣服穿，從來沒有想買就買這種事情。

「喔，不是。我十一月一日才生日。」萊菈說。原來我們的生日只差一天，而且還在同一間醫院出生。

萊菈媽媽在載我們回學校前半個鐘頭叫我們下樓，巧克力豆餅乾的香味飄蕩在飯廳。萊菈媽媽頂著一頭金髮，身材高䠷，珠光寶氣，身穿Burberry毛衣，但手臂滿是刺青，她脫下圍裙，拿各種調皮搗蛋來逗樂我們，說起故事來滿嘴臭小子、死魯蛇，因爲反差實在太大，我一邊聽一邊笑。萊菈媽媽看起來就是人生勝利組，那天下午的她一副人生美滿的開心模樣，酷酷的，很前衛，既有才，又有錢，嫵媚動人，有兩個漂亮的孩子，還有個超棒的老公，我完全沒想到萊菈媽媽是我這輩子遇過最不圓滿的人。俗話說「錢解決不了所有問題」，萊菈媽媽就是我遇到的第一個明證。

萊菈和我開始上演電影《天生冤家》，我常常穿著浸滿汗水的籃球褲一派輕鬆滑進她家，在廚房狂嗑義大利麵，用運動衫當餐巾擦嘴巴。當年的我還不懂得閒聊，常常說聲「哈囉」就沒話了，萊菈的奶奶看我這麼粗魯，簡直不敢相信自己的眼睛，但我爸要我放心。

「那些自由派的喔，」他跟我說：「全都是智障，只會臭美啦。」

十五歲的我，儘管說不清楚什麼是自由派，但我很清楚自己痛恨他們。在學校裡，那些青年政治社的社員穿著政治色彩鮮明的運動衫，儘管我永遠不會入社，但還記得只要看到她們背後那隻象徵民主黨的驢子，就會噁心反胃，我家都快過不下去了，這夥人居然還想要從我爸的薪水裡扣更多錢。扣這麼多錢要做什麼？救濟那些非法移民嗎？

「還有，萊菈爸爸吃飯都用兩支叉子，」我跟我爸說：「好像是吃不同的東西要用不同的叉子。這是幹麼呢？」

「天曉得。哪來的老古板。」

「眞的是死腦筋。」我附和道。

對我來說，去萊菈家就像去到異鄉，但對萊菈來說，到我家的文化衝擊也很大。

「我們要去哪？」我在休旅車的後座大喊。

整車的人都在大吼大叫，我不扯開嗓子，根本沒人聽得見，雖然我不曉得大家在吵什麼，但硬要我猜的話，肯定是在吵一些芝麻小事。

「跟妳說了——Papa Gino's。」

「超討厭Papa Gino's。」珍娜抱怨。

「不吃拉倒啊！」

我坐在休旅車第三排，萊莅靜靜坐在我身邊，我們全家吵吵鬧鬧，滿口粗話，不時叫囂，嚇得她提高警戒，整頓晚餐都不發一語，聽我們家七嘴八舌討論那一千零一個話題——籃球。萊莅雖然跟我同隊，但她一點勝負欲都沒有，光是把冷板凳坐熱就已經心滿意足，看到我們家把籃球比賽看得那麼重，還以爲我們每個人都瘋了。隨著我的籃球天分逐漸展露，籃球成了我們全家的嗜好，沒事就打籃球，聊天也聊籃球，籃球把我們全家人的心都凝聚在一起了。

每打完一場比賽，接下來是兩個小時的檢討，除非我實在打得太爛，爛到大家無話可說。

「接著芮妮上籃失敗，毀了整場比賽。」我爸說。

「她應該跳投才對。」我附和道。

「是啦，但她又不太會急停跳投。」

「搞不好她是故意要製造犯規啊。」我媽插了一句，我爸跟我豈能錯過這個欺負她的大好機會。

「哇賽，大球評耶。」我揶揄道。

「白痴喔，根本搞不清楚狀況。」

我媽被惹火了，開始替自己辯護，說她好歹也是波士頓塞爾蒂克隊的忠實球迷，看籃球還算看得出門道，塞爾蒂克隊每一場比賽她都有看，懂的不見得比我們少，爸爸跟我哈哈大笑，說我媽簡直沒救了。

吃完Papa Gino，萊菈來我家過夜，洗完澡套了兩件運動衫，才從浴室走出來，我們家的熱水器又壞了，屋子裡一點暖氣也沒有，萊菈不停流鼻水，不管問什麼幾乎都會被吐槽。

「請問有水嗎？有吧？」她問。

這問題差點沒把我們笑死。「沒有，但有四種不同的健怡汽水。」我妹回她。

萊菈和我的生日都在寒冷的十一月，入住同一間醫院的嬰兒房。我們同年同月同地方生，後來都長到一百七十三公分，眼珠都是褐色的，同樣留著一頭黑色長髮。離開醫院嬰兒房之後，等待我們的家相距大約十六公里，距離雖然不遠，人生際遇卻是天差地別。

萊菈是學霸，而且是青年社成員，跟她媽媽一樣極富藝術天分，每年暑假都去佛蒙特州的別館避暑，不滿十歲就去過八個國家。我從小最愛吃墨西哥速食，以為看電影就是無上的奢侈，五歲那年下巴斷掉，但小兒科醫生粗心大意，過了六年才發現。我在中學之前從沒出過國門，直到歐巴馬當選，才曉得美國沒出過黑人總統。萊菈的初吻在高中。我十二歲就偷帶男生回家，那年我妹才四歲，走進地下室看到我蓋著《史酷比》的狗圖案毯子在指交。上中學後，我媽去找人問事，對方給她的唯一忠告就是看緊我，否則一年內我就會被搞大肚子。我們都覺得說得很準。

萊菈和我生活在平行宇宙，沒想到卻不期而遇。進入林肯女校之前，我跟朋友都是物以類聚，萊菈跟朋友也是人以群分。跟萊菈變成朋友之後，我第一次嘗到嫉妒的滋味、親眼目睹令我眼紅的生活——那不是女明星、音樂人的人設，而是看得見、摸得著，一年三百六十五天都待在我身邊的摯友。我知道有爲者亦若是，說不定哪一天我也能過上這樣的生活，我只是還不曉得方法而已。

十年後，萊菈和我走在萊辛頓大道上回憶過往。

「妳知道最誇張的是什麼嗎？」

「是什麼？」我問。

「第一次去妳家……」萊菈頓了一下，「我才知道自己家多富有。」

14 面試官

再過十分鐘，我就要跟仲介安排的第五大道客戶面試了。每一間仲介公司的問題和標準都差不多：「有幾年全職經驗？」「有學士學位？」「會開車？會游泳？」仲介公司說我就是他們在找的人，馬上把我推薦給有需要的客戶，才短短兩天，就安排了五場面試，今天是第一場。我搭地鐵前往市中心，手機訊號斷斷續續，收簡訊收得很慢，我打字打得很氣，本來應該好好準備面試，但跟萊菈吵架吵得我無法專心。

芬妮，我不想一起住了，我要搬出去，跟妳相處一點也不開心，我們合不來。萊菈的簡訊寫道。

這是實話。過去幾個月，我老是怨天尤人，這麼不幸也不是兩三天的事了，而是一點一滴累積的結果，我的人生愈來愈支離破碎，成天瞎忙、追求新鮮感，卻發現力爭上游帶來的快樂遠比不上消磨掉的幸福，我疏遠了家人，無視創傷一意孤行，工作庸庸碌碌毫無成就感，唯一重要的只剩證明自己，只是證明到後來也不清楚究竟要證明什麼。我已經擱筆擱了好一陣，或許這輩子都無法一圓作家夢。

原本很享受的事情，最近卻都提不起興致。上夜店令我火大，夜店的酒令我憤恨，過去短短幾個月，我足足胖了五公斤，每天跟萊菈都有吵不完的架，從短兵相接演變成長線作戰。我們從小一起長大，如今卻漸行漸遠，雖然多給彼此一些空間才是上策，但要我在人生最混沌的時候疏遠我最可靠的朋友，這情節簡直不堪設想。因此，儘管我同意萊菈的話，但還是執意吵個不停。

我們很合得來！要搬出去的是妳男朋友！八百年前就跟妳說過了！妳嘴巴上說懂懂懂，卻還是繼續愛怎樣就怎樣，超級討厭。我叭啦叭啦打了一大堆，手指按下送出，心裡卻明白這是在潑油救火。

高中的時候，每年夏天萊菈和我不是懶在羅德島州的海邊，就是在全州唯一的購物中心逛街、看電影。大學的時候，我們一起上酒吧，有時候一週會去三到四次，常常嗨到酒保把燈開亮趕我們出去，我們會去小七買墨西哥捲餅，回宿舍的路上邊走邊吃。就連小時候暗戀的對象把性病傳染給我，陪我去看醫生的也是萊菈，這病雖然治得好，但得病還是令人氣餒，我滿臉羞愧走出診間，整個人有氣無力，萊菈微笑看著我說：「哎呦，不錯哦。」儘管我筋疲力竭，聽完還是笑了出來。

印象中的我們一直都是這樣，兩個人總是開懷大笑，過往的友誼多麼有滋有味，如今就有多麼淡而無味，甚至彼此毒害，成天酸來酸去、互相污辱，不管說再多好話都圓不回來。我恨她，我恨她，我恨她，我一邊打字一邊想，其實我恨的是我自己，我在萊菈身上看到了自己的倒影——我多想粉碎這一切，我逃不開墮胎的痛，暗暗期待萊菈能幫我度過難關，畢竟以前都是這樣，難過的時候只要我伸出手，萊菈就會牽著我走過重重險阻，但這次卻不管用了，她愈努力幫我就愈生氣，我愈生氣就愈凶，還對著她破口大罵（以前我都不曉得自己這麼會罵人），罵完之後又回頭痛恨自己。其實萊菈的日子也不比我輕鬆，但我嫉妒（我自以為）她所擁有的特權和自由，如果把萊菈的人生看得簡單到不能再簡單，會以爲她是要什麼就有什麼的伸手牌，光是想到這一點就令我妒火中燒。雖然我們的處境不同，但我們的人生和我們的友誼都在向內坍塌。

我走到公園大道九八五號，一路都努力將心思擺在面試上，不停告訴自己：萊菈和我的問題會——說來遺憾——一直都在。我告訴（氣溫二十七度還得穿西裝、戴手套的）門房我要去哪一戶，他按了對講機確認過後，便送我到電梯幫我按頂樓公寓。走進電梯之前，我做了一個深呼吸，感謝可以暫時不用去想萊菈的事，畢竟接下來要見的客戶是紐約的超級有錢人，糾結一些雞毛蒜皮小事又何必呢？

助理讓我在書房裡等了二十五分鐘，羅伯森夫婦終於現身，我起身跟他們握手，但心裡暗暗吃驚：怎麼長得跟我預期的差這麼多？羅伯森太太身材魁梧，這在上東區貴婦圈可是聞所未聞的奇事，而且我早先才Google過她，跳出來的照片跟本人差了十萬八千里。羅伯森先生更是奇上加奇，原本是英俊瀟灑的信用卡巨頭總裁，如今卻老態龍鍾，雖然還沒滿八十歲，但說話已經口齒不清了。

羅伯森夫婦落了座，一位管家便端了個大盤子匆匆走來，將一大碗湯擺在桌上。

「不介意我吃東西吧？」羅伯森太太問。

「當然不介意。」我嘴巴上這樣回答，心裡卻覺得她這話問得很詭異。

「妳老家在哪？」羅伯森太太問，我照實回答。「大學念哪裡？」

「愛默生學院。」我說。

我解釋本來拿的是大專的體育獎學金，但因爲實在太想學寫作，所以拚命把成績衝高，最後轉學成功。回頭想想，這一步棋算是下錯了，但這我就忍住沒說了。

「大學讀什麼？」

「電影和電視創作。」

羅伯森先生卡著痰咳了一聲，聽起來快掛了——老實說，他應該眞的快掛了。「顧小孩跟娛樂圈可是八竿子打不著啊。」他好不容易擠出這麼一句。

這不是廢話嗎，阿伯！

「妳現在替誰帶小孩？」羅伯森太太問。

「嗯，老實說我最近沒幫他們帶了，但他們就住在幾條街之外。」接著我描述了一下紗夏家，一想到紗夏的三個寶寶，再想到一切都要重新來過，我的胃突然揪了一下，但我趕緊將這感受拋到一邊，將心思拉回面試問題上。

「我知道他們家！」羅伯森太太驚呼，「叫什麼名字我不清楚，臉長怎樣我也不曉得，但他們結婚我有去！」

「喔！」這話題有意思，但我聽得糊塗：「您怎麼認識羅斯家的？」

「我跟新郎的媽媽共事過。等等，不對，」羅伯森太太想了一下，說：「好，重來，應該是新娘的爸爸！是喬治！我跟喬治共事過！」

像這種時候，最能看出來金字塔頂端的世界有多不尋常——想去哪就去哪，想幫誰慶祝就幫誰慶祝，不用知道人家叫什麼名字，也不用知道人家長怎麼樣，反正只要是同一個圈子的就好。知道我打進這個圈子之後，羅伯森太太的口氣都不一樣了，我突然值得她花時間好好聊一聊，愼重考慮請我幫忙帶小孩。在上東區面試，光看履歷看不出最重要的兩條資訊。爲了保密，仲介會要求將前僱主匿名，紗夏和她老公在我的履歷上是「高淨值家庭」，但匿名只是做做樣子，比起很會帶小孩，幫誰帶過小孩更重要。

「關於工作內容，仲介說了多少？」

「只大略說了一下。」

「好，那妳聽好了，」她說到這裡，身邊便傳出輕輕的鼾聲，年邁的羅伯森先生睡著了，我無視這樁奇事，認眞聽羅伯森太太繼續往下說：「妳在這裡工作就要當我的耳目，什麼事情都要讓我知道，妳搞清楚我說這話是什麼意思，弄明白我對妳的期待，我兒子最近開始叛逆，覺得自己不用保母，不想給人家照顧……」
「怎麼會，」我說：「他多大了？」
「弗列克十七歲。」
我眼神空洞地看著羅伯森太太，不曉得該回答什麼，腦袋已經停止思考。
十七歲？所以距離法定成年年齡不到一歲？這犯法吧——讓年輕女生去照顧小七歲的男生——就算不犯法也很不得體啊，簡直是不成體統，光想到我就心裡發毛。
我突然面試不下去，想離開這間將近三億的豪宅，不管他們開什麼職缺我都不想接，世界上就是有這種人，而且還會厚顏無恥說我們全家都是瘋子。
「但他還是需要保母，我放心不下，所以是這樣：我們家隨時都有一、兩位保母，一週七天，妳上五天、休兩天，那五天就住在這裡，三樓有僕人房，輪到妳上班的時候，早上六點半先叫弗列克起床，看著他刷牙、收書包、擦止汗劑，七點廚師出餐，妳要看著他吃完，他每天那麼忙，營養一定要充足才行，吃完之後送他去學校，送完司機會載妳回來，到家大約九點，接著妳要幫他整理房間、檢查成績，看他有沒有缺什麼衣服或盥洗用品，有缺的話就幫他訂，下午兩點去接他放學、監督他的課後活動，每天三點到五點上家教，家教完搭車去Asphalt Green上網球課，在車上讓他吃點輕食，網球課要上兩個小時，上完直接回家，最晚不能超過七點半，回家之後沖澡、吃晚餐，十點整幫他蓋被子、關燈，準時睡覺。」

一陣沉默。羅伯森太太灌了一大口百事可樂，羅伯森先生繼續打呼，我在心裡仔細琢磨要問個什麼簡單的問題比較禮貌。

「所以，工作日大約十點下班？」我問。

「不對不對，弗列克十點上床睡覺，等他睡了，妳來找我討論他當天的行程，妳整天都要寫筆記，即時跟我報告他的心情、他的問題、他的煩惱。重點是溝通。他再過幾個月就要思考該申請哪所大學了——只能申請常春藤名校，我們的目標是全數錄取，所以要確保他走在正軌上，懂嗎？」

說實話，我不懂羅伯森太太的意思。

我高三每天晚上都跟朋友去逛街，週末都睡到自然醒，從來沒有人檢查過我的功課（如果有人檢查的話，我應該就會乖乖寫作業，不會覺得功課可寫可不寫）。弗列克所做的一切——史丹佛大學和麻省理工學院在申請書上看到的事蹟——都不能代表眞正的弗列克，他之所以有這些成就，是因爲家裡請得起教練、請得起家教、請得起保母、請得起廚師，他這個人最值得注意的地方，或許是他到現在吃蘋果還需要人家幫忙削皮。

青少年就應該挑戰極限、嘗試自由，而不是被管得死死的，連睡覺都要人家哄，難怪仲介不肯明講工作細節。

「薪水談過了嗎？」

「還沒。」我說。

一位居服員（吧？）突然現身，準備帶老先生上床睡覺，如果我沒數錯，這場詭異的面試過程中總共出現六位家僕，居服員輕聲喚醒羅伯森先生，接著扶他站起來，羅伯森太太起身跟丈夫來個晚安吻，看著真教人噁心。「我們這裡是年薪兩百九十萬，福利全給。」

考量到工時，年薪兩百九十萬其實不算多，我還面試過不用同住的，而且年薪更高。上流仲介公司開出的保母工作，年薪都落在兩百一十萬到四百八十萬之間。

「此外，」羅伯森太太說：「再加年終獎金現金八十萬。」

「哇！」我從沒聽說過這麼高額的年終獎金。愛麗莎的保母朋友圈流傳著各式各樣的工作油水，像是渡假啦、豪車啦，就沒聽說過年終獎金領這麼多的，而且還不用扣稅。

「不過有個條件。妳得做滿兩年，才能領到年終獎金。」

「大家都能待滿兩年吧？」

羅伯森太太放聲大笑，笑聲裡滿滿的錢味，聽著讓人不太舒服，「沒有耶，都待不滿，我剛不是說了，我兒子不是很想讓人家照顧，有時候對人家……怎麼說呢……懷有敵意，所以我才實施這個獎金制度，不妨稱作『倖存獎』吧。」

羅伯森太太問能不能讓助理查核我的資歷？我一口答應。我雖然不想接這份工作，但也不想失禮。過了一個星期，仲介打來說：羅伯森太太決定不請我，她愈想愈覺得我不適合。

接下來兩個星期，我不是在面試的路上，就是在試用期或是資歷查核，整個曼哈頓都讓我踏遍了，每面試一家，都覺得這一家比上一家更離奇。我開始覺得能遇到紗夏算我運氣好，雖然賺的比新面試的這幾家少，但是工作起來輕鬆又享受，紗夏既是正常人又是好媽媽，小孩不僅可愛又有家教，我忍不住納悶未來還找不找得到這樣的平衡？

有一次，試用期的僱主是一位法官（網友堅稱他是一路買通才坐到這個位置），家裡有兩個幼兒和一個難相處的太太。法官太太整天待在家裡，醒著的時間大多在嘮叨說自己跟丈夫講過了不想幫孩子請保母，所以實在不懂我在她家裡幹麼。她兩個孩子的衣服一脫下來就得馬上洗，不管有沒有跟其他小朋友玩都一樣。法官的女兒三歲了，還沒得過感冒。考量到上團課會碰到其他小朋友身上的細菌，所以兩個小孩都請私人教練教體操。每天早上，廚師都會幫法官準備熱騰騰的午餐，再請司機開過半個紐約，送到車程四十分鐘外的法院大樓。法官小孩的保母全年無休，聖誕節雖然放假，但我必須搭紅眼班機飛到夏威夷的法官別邸。三天的試用期，我每天從早上六點半上班到晚上六點半，中途法官太太叫我到屋外打噴嚏，我立刻決定再找下一家。

下一家邀我去漢普頓一起過週末，幫忙照顧一歲半的男寶寶，我Google了一下，發現僱主博伊茲頓先生身價破千億，名列紐約富豪榜前一百五十名，身材肥胖，生性傲慢，名下一共有四戶宅邸，僱用了五十八位管家打理，其中保母沒有上下班時間，輪班四天、休假四天，每次輪班必須到府過夜，二十四小時隨時待命，寶寶五點左右醒來就開始上班，寶寶睡著還不能下班，要等到尿布桶清空、所有表面消毒乾淨，我才能躺回床上，臥房就在寶寶房隔壁，空間很小，床邊就是嬰兒監護器，整個晚上我都得豎起耳朵，仔細聽寶寶有沒有哭。

在漢普頓的最後一天，寶寶跟我在院子裡撲蝴蝶，博伊茲頓先生也來了，高高胖胖的身影從院子的另一頭搖搖擺擺走過來，問寶寶要不要去搭遊艇？碼頭距離院子大約五分鐘，寶寶興奮尖叫，博伊茲頓先生高喊：「菲利佩！」

不出幾秒鐘，一位皮膚黝黑、英文很破的矮小男子跑過來：「博伊茲頓先生，什麼事？」

博伊茲頓先生命令他把高爾夫球車開過來，菲利佩立刻從我們眼前消失，突然又開著高爾夫球車出現，將博伊茲頓先生和寶寶扶上車。

「遊艇就在下面，」博伊茲頓先生對我說：「這條路通到水邊，妳跟在我們後面跑，碼頭見。」

「所以——是要我追著高爾夫球車跑嗎？」我還以爲我肯定聽錯了。

「對啊，所以妳會比我們慢一點到，我沒辦法看著他，我要上船，要去釣魚。」

我追著肥胖的億萬富豪和寶寶跑了六十秒，當下決定今天就是我最後一次看到這對父子。時值夏季，博伊茲頓先生僱用了黑頭車，載送保母往返紐約和漢普頓。試用期最後一天，我從博伊茲頓先生的漢普頓豪邸上車，一路搭回我住的地獄廚房，兩個小時的車程我都在瀏覽跟我學士領域相關的職缺，生平第一次這麼想回到正常上下班的生活。公關公司和社群媒體的基層職缺雖然很多，而且我的條件也符合，但薪水還是不夠我生活：房租每個月四萬八，學貸每個月三萬五，偶爾還要上餐廳慰勞自己，朝九晚六的專業工作雖然令人心動，實際上卻是痴心妄想，我連選都沒得選，想想我的朋友，人家的爸媽都有提供安全網，唯恐孩子三餐不繼，在孩子青黃不接時拉孩子一把，光是想到這裡，我就恨得牙癢癢！

我仰頭不讓眼淚掉下來。二十幾歲往往只想到自己，以爲自己的困境獨一無二，但是美國各地二十出頭的年輕人，畢業之後都紛紛回到老家的地下室，放棄驕傲、放棄獨立，只求找到一份能溫飽的工作，就算是從來沒想過的行業也無所謂，只想知道學貸究竟有沒有還完的一天。

本來以爲念名校會讓我的人生更順遂、帶來更多機會，但現實往往複雜得多，食衣住行都得花錢，同時還得還學貸——金額之高，足夠我買一間三房公寓。我一直有個印象，總覺得在美國人人都能念大學，但學貸根本是窮人稅，借錢還錢，這我沒意見，問題是我每個月三萬五、三萬五地還，還了好幾年，錢都拿去繳利息了，本金卻不見減少，銀行利率高達四．五%，感覺怎麼還都還不完，這簡直是阻止窮人翻身的新招。進入職場之後，我終於認清大學是給哪些人念的——給那些繳得起學費的人。我彷彿自投羅網、作繭自縛、無地自容。我看盡了繁華，曾經心懷感激，也曾經心生驚奇，然而，不論我多疼愛我照顧的孩子，如今我對他們只剩下怨恨，恨他們有機會實現志向，恨他們選大學不用比較獎助學金，恨他們不用為了養活自己而犧牲熱情，恨他們用不著為了未雨綢繆去打工賺取最低工資，反而可以進大公司純實習不支薪，換得讓未來老闆印象深刻的履歷。對他們而言，這一切都只是微不足道的小事。他們有的是錢，未來想做什麼都可以。

下了高速公路，從東三十二街駛入紐約，我發現自己滿肚子的話想找人訴說，車子駛過熙來攘往的曼哈頓街頭，雖然放眼望去都是人群，但我卻感到前所未有的寂寞。我第一個想到的就是萊菈——我向來一有事就找她——但現在不能再請她給建議了，我決定接受現實，總不能人家不想聊我還要硬聊吧。有那麼一瞬間，我考慮打破沉默撥給我媽，但想到上次碰面，新仇舊恨一時湧上心頭。

「妳真的還要再吃一片披薩啊？」我媽跟我面對面坐著，中間隔著一張餐桌。

當時我媽的厭食症嚴重到不能再嚴重，她身高一百八十公分，體重四十七公斤，數十年來她一直不准自己吃這個、吃那個，最後終於讓她找到紙片人的完美菜單。剛開始她只控制進食的量，但很快就改為全面忌口，原本愛吃的東西全部戒掉，就連吃沙拉都不淋醬，後來還改吃全素，每天只吃兩片吐司和一片披薩，早上和下午各運動一個鐘頭，晚上再遛狗五公里，而且滴酒不沾。這麼久以來，我從來沒聽過哪個大人建議我媽去看醫生、治療厭食症。

或許正是因爲我媽跟食物過不去，所以食物才會在我遭逢身分危機時帶給我莫大的安慰。從小到大，我媽給的食物永遠不夠，能多要到一點就算是成就，每次我去朋友家過夜，朋友的爸媽都會抓到我躲在食品櫃裡、衣服裡頭塞滿餅乾。我只要參加披薩派對，從來都不會只吃一片，而是直接完食一整塊。食物應該是生存的來源，但卻被我當成武器——用來對付我自己。

「對啊，」我告訴我媽：「抱歉我沒辦法像妳那樣讓自己餓肚子。」

儘管我們母女有太多心結，此時此刻我還是好想好想她。

我把手機收進背包，黑頭車停在西四十六街我那破破舊舊的公寓門口。我沒有人可以訴說，也沒有事情可以忙活，我毫無選擇。當初決定念大學，爲的是不要像我爸媽一樣——沒錢、沒知識、沒選擇，但我卻落得跟他們一樣的下場，不僅走投無路，而且賺得愈多、負債愈多。比起我爸媽，我不見得更有餘裕，爲了繳帳單、爲了活下去，我必須賺很多很多錢，在紐約，賺錢最快的方法就是幫有錢人工作。

除了當保母之外，我沒有其他出路，如果想要出人頭地，眼前就只有這個辦法——這我雖然心裡有數，但依舊是我的心頭恨——我拿出電腦，回信給最近聯絡我的保母仲介。

史蒂芬妮是猶太人（這點她提了好幾遍），先生是中東人，非常忙碌，在蘇活區經營家族藝廊，工時很長，一年到頭都在出差，夫妻倆有個五歲大的兒子叫狄格比，個性冷漠，對我的存在不屑一顧，史蒂芬妮信誓旦旦說等變熟了就會好了。我主要照顧的是他們剛出生的寶寶桑普森，從早上七點顧到晚上七點，不過，史蒂芬妮跟紗夏一樣，大部分的時間都待在家裡，她講起育兒經的模樣讓我想起紗夏，因此，我開始相信自己可以勝任愉快。

「告訴妳，我很愛陪孩子，甚至會整天待在家裡不出門。」史蒂芬妮說。

「我前一任僱主也是這樣，我懂。」我說。

試用期最後一天，我們坐在戶外鹹水池畔，他們家在翠貝卡，位於紐約下城區，正好可以讓我遠離上東區喘口氣，豪宅是建築師量身打造，高檔而且摩登，但不像我最近面試的幾戶人家那麼浮誇，史蒂芬妮雖然過著精緻奢華的生活，但感覺起來實在許多。

史蒂芬妮餵完桑普森，問我能不能幫忙抱一下。桑普森才三個月大，身體軟趴趴的，戴著遮陽帽的小臉顫呀顫地，我把他抱在膝上，側身跟史蒂芬妮聊天。

「妳開保時捷去跑腿會不會不自在？」她問：「我們家只有保時捷。」

我承認自己沒開過保時捷，但很樂意開開看，話才說完，狄格比走過來咕噥了一聲：「智障醜嬰兒。」說得很小聲，史蒂芬妮沒有搭理，我猜她一定是沒聽見。

「我有點潔癖，妳可能沒發現。」史蒂芬妮笑著說，但我早就發現了，她已經叫我撿過各種掉在地上的麵包屑，想要讓家裡一塵不染的渴望似乎是她唯一的缺點，但這我有自信應付，畢竟都僱了全職管家，想來也髒亂不到哪裡去。

「所以工時是星期一到星期五，每天早上七點到晚上七點，每週實領現金三萬八千五百元，這樣稅前是多少我不確定，會計師會再看一下，反正薪水就是這樣。」

雖然工時很長，但薪水不差，我迫不及待想投入新工作，更何況我算是正式僱用，這在保母界可不常見，無論是申請信用卡、租房子，都要有薪資條才能判定資格。這下我有得忙了，要幫史蒂芬妮帶大寶、二寶，根本沒時間想一些有的沒的，對於能長時間工作，我真的心懷感激。

史蒂芬妮把合約遞給我，我隨便看幾眼就簽字了。下週一他們要到東漢普頓過暑假，我決定住進他們位在東漢普頓的別墅，五週之後再跟他們一起回到紐約，這個決定來得倉促又突然，彷彿踏入一段應該謹慎以待的關係，但我需要這份工作。離開之前，史蒂芬妮說下星期見，我感謝她為我做的一切，狄格比坐在客廳椅子上瞪著我，我向他揮手道別，二寶在一旁睡著了。照顧嬰兒這件事又讓我稍微猶豫了一下：照顧小寶寶眞的好嗎？我把這個問題拋在腦後，但又忍不住捫心自問：當初我把生活搞得一團糟，不就是因爲幫人家顧小寶寶嗎？

「能請到妳眞好，」史蒂芬妮送我離開時說：「我知道自己有點挑剔，但妳懂的——我們眞的很想找到大學畢業生。」

喔，當然啦，我在心中自言自語，感謝大學教育，這就是文憑的功用。

我失魂落魄爬了四段階梯回到家。史蒂芬妮僱用我的當下，世界從黑白變成彩色。確實，我跟史蒂芬妮和大寶、二寶稱不上一拍即合，不像當初一見到親愛的露比和杭特那麼有火花，但顯然這是我目前能打出最好的牌了，這一點我很確定。可是，當保母讓我覺得自己人生失敗，我要的是一份能引以爲傲的職涯，但帶小孩連工作都稱不上。史蒂芬妮簽下我的時候，我覺得鬆了一口氣，如今回到黯淡的現實，我只覺得徬徨無助。

我拿出筆電，看有沒有劇可以追。我挑了一部看過十幾遍的，還沒播就知道結局，劇情都快背起來了。一片靜默的屋子裡，響起了《法網遊龍》的主題曲。我什麼都不剩，只剩失望。

15 慈善案例

上了高二，我成爲林肯女校的異類，有點類似鬼娃恰吉——恐怖又逗趣。林肯女校的籃球隊煥然一新，教練又用獎學金挖角了幾位新星，原本兩個賽季之前只打贏一場球賽的隊伍，如今卻拿下分組全勝，每次出賽都會登上地方新聞，還說我會是校史上第一個拿下一千分的籃球選手。不過，我的球品差得出名，脾氣火爆，在場上賤招頻出，我帶著我的根，在高級的地方當個沒品的人。

學校行政人員努力端正我的態度，有時候有用，但一回到家馬上打回原形。我在體育場上叱吒風雲，但隔天回到教室，似乎怎麼都當不了黑馬。

「好吧，史蒂芬妮，妳就說說看吧。」我爸說。

高三到了尾聲，我家的氣氛也緊張到了頂點。「說什麼？」我嘴巴上雖然這麼問，但其實心裡有數，大家也都看得一清二楚。

我爸已經跟我吵了好幾個星期的架，我雖然是我們家第一個上大學的，但卻什麼慶祝活動也沒有，比起跟我爸媽坦承我想念哪一所大學，吞下八支抹了有機花生醬的刀片感覺還更輕鬆愉快一些。

「我想試試看聖母學院。」我說。

「三級聯盟。沒有獎學金，」我爸繃著臉說：「想都不用想。」

「但我不喜歡那些要我去打籃球的學校。」

過去幾週以來，同樣的話我已經說了好幾遍，我對佩斯大學、梅里馬克學院這種校名像女先鋒的學校沒有興趣，而且我也不想再打籃球了——這一點或許才是大問題。我身邊的同學紛紛收到錄取通知，當下我才大徹大悟——過去三年我沉浸在籃球明星的光環裡，讀書讀得馬馬虎虎，白白浪費念私立學校的大好機會。

「不打籃球，妳還有學校念嗎？也不看看妳的成績？」我爸理論道：「拜託！」

「我可以辦學貸然後認眞念書考好成績啊，這才是上學的眞諦，不是嗎？好好上課才對吧？」

「是說妳的成績從來沒有好過，」我爸笑著說：「憑什麼上大學就會有起色？」

我死咬著嘴唇，咬到嘴裡都有血的味道。跟我爸講話眞是氣死人了，我受夠了他的挖苦，偏偏又不能否認他說的確實有幾分道理。我念到高三的時候，林肯女校的體育館已經掛過四面冠軍錦旗，其中三面是我拿下的，但我的學業成績卻一直是低空飛過。

「嘿，傻妞，」我爸老是嘮叨：「功課寫了嗎？」

我都七點回到家，一進門就打開電視，書包擱在地上，直到八點還是連動都沒動，顯然什麼功課也沒寫。

「跟妳說，我不想再接到修孚老師的電話，那傢伙三天兩頭打來說一些五四三，我可沒時間跟他在那邊搞來搞去。寫功課啦！」

「好啦好啦。」我嘀咕。然後就沒有然後了。

「籃球是我的命，我的人生只有籃球——練球、比賽、練球，我能有現在都是因爲籃球，但我不希望自己的人生只是這樣，我不想把生命浪費在四年就會結束的比賽上。」

「哎呀，妳早點想通，物理學也不會被當掉三次了。妳要麼就去給妳錢讓妳射籃的學校，要麼就乾脆都不要念。」我爸說。

輔導老師早就把我的出路都解釋給我聽了，還說我們全班家長都有參加升學輔導會談，就只有我爸媽例外，再說了，SAT明明可以考好幾次，我怎麼就只報名一次？我們一班三十多位同學，好像就我最不上心。

我一邊聽一邊點頭，又是尷尬，又不曉得該怎麼逼我爸媽關心升學這檔事。

「史蒂芬妮，」輔導老師嘆了一口氣：「妳們班同學大多從高二開始每週請兩次家教準備SAT，怎麼妳連我建議的參考書都沒有買？一點都不積極。」

儘管工作勤奮努力，但那年冬天卻是我長大以來我爸手頭最拮据的時候。SAT參考書有多貴，我心裡很清楚。高三學期初，同學帶著總價兩萬五的全新教科書來上課，我媽則開車載我到鎮公所——只要家裡有繳稅，就可以向鎮公所借現成的教科書。儘管清寒獎助學金可以抵免學費，但學校常常忽略取得優異成績所需的大筆開銷，如果學生連學費都付不起，大概也買不起要價六千塊的計算機。頒發獎學金並沒有讓競賽變公平，純粹只是贊助出賽而已。

走出升學輔導會談，我努力不讓眼淚掉下來，心想：或許大學不是我該去的地方。可是，過去幾年聽到的訊息在我腦海中響起：進不了好大學就找不到好工作。這我非得想明白不可。我忍不住生氣起來：怎麼我進入校門時是什麼樣，離開校門時也是什麼樣——總歸就是個沒人要。

畢業典禮當天，大家身穿白色洋裝，手裡捧著精挑細選的雛菊，我緊握著那張紙，手心狂冒汗，好不容易輪到我，我走到臺前，緊張得全身發抖。我以為我爸媽會以我爲傲，某個匿名團體居然挑了我的稿子作爲畢業致詞稿。

「他們選了妳的稿子？」

大家都很震驚，但我比他們更震驚。

「我都不知道妳會寫東西。」莉荻亞說。我雖然沒有跟大家講，但我愈來愈愛寫作，而且差不多是一有空就寫。我選了創意寫作當作選修，本來只是想混水摸魚，沒想到竟然寫出興趣，我愛上在全班面前朗讀作品，常常大聲朗讀出誇張的文句、逗得同學哈哈大笑，大家一笑，我心裡就一陣悸動，打球的時候也會這樣，但那是腎上腺素作祟，寫作帶來的激動純粹是情緒，馳騁球場讓我張狂，搖動筆桿讓我安定。

畢業典禮過後三個月，我家的信箱最後一次出現林肯女校的月刊，封底是校長給全校師生的信，信中提到我的畢業感言，接著提到我的學涯，說我代表了學校所希望成就的一切：我初入校門時是一顆種子，但在畢業典禮上向全校師生致詞的我，已經在師長的眼裡綻放成一朵花，這證明了只要是對的環境，再加上適當的鼓勵，任何學生都能欣欣向榮。整封信我讀了不下十五遍，這裡頭肯定大有價值。

我拿著校刊走進家門，把全家叫進廚房，把校長的信大聲念出來，念完之後，大家都瞪圓了眼睛，一臉詫異，我心想：就是這樣、就是這樣，終於佩服我了吧。沒想到過了漫長的三年，他們對我還是沒有半分欽佩。

「妳們校長喔……」我爸搖了搖頭：「她眞是蕾絲邊中的蕾絲邊。」

私校生活永久改變了我的人生軌道。在這裡，我第一次接觸到人生還有更多可能，身旁的大人都是成功人士、擁有重要的事業、握有重大的資源。我雖然還打不進他們的圈子，但總有一天或許我會成爲他們的一份子。我在這裡交到了一輩子的朋友，儘管我們的友誼錯綜複雜，但卻終生鼓勵著我，而且愈陳愈濃。我在林肯女校認識了萊菈，我們譜出的曲和結下的結，這一生無人能超越。林肯女校是我嶄新人生的起點，教導我努力的價值和友情的可貴，更讓我學到最寶貴的一課，讓我可以進入曼哈頓的上流社會——我學會在一群有錢人之間好好當一個窮人。

16 史蒂芬妮二號

「狄格比，我們再過五分鐘就要去夏令營了，你可以把鞋子穿上嗎？」

「別吵我！」狄格比尖叫：「我恨妳！史蒂芬妮！妳這個愚蠢肥醜女！」

短短幾個星期——就在我住進陌生人家裡的這段拘束時光，我年初增加的肥肉差不多都離我而去了，因此，我曉得自己現在並不肥，但還是希望狄格比可以不要這樣講話。

每天早上六點五十分，我上樓準備值班，每天早上，五歲大的狄格比都會宣布「史蒂肥妮」來了，他很愛講各種難聽話，侮辱的字眼也常常變化，一開口就是笨啊、蠢的，但他幫我貼的標籤還算挺有創意的——「無用」。

「我可以吃餅乾嗎？」他問。

「你不能吃糖。」我回答，家裡不准他吃甜食，他這是明知故問。

「吼唷！史蒂芬妮，妳超無用。」

第一次跟新僱主提起這件事，史蒂芬妮二號一笑置之。「他只是想用用看新學的生詞罷了，」她告訴我。但久而久之，她不糾正兒子言行的眞正理由慢慢浮上檯面。史蒂芬妮採取進步的現代育兒觀：「我的哲學就是不管教。狄格比很乖。他需要人引導，但不用管教。」她說。

「好，」我沉澱了一下，確保自己完全懂她的意思。「所以，他可以繼續叫我『史蒂肥妮』嘍？」

「我想請他換個字眼可能比較好。要不然跟他說：肥這個字很粗魯？」史蒂芬妮說。但狄格比不反對粗魯，他反對的是我。

抵達夏令營接送區的早上，史蒂芬妮要我推二寶到有冷氣的大廳，她要去找狄格比的輔導員談。

漢普頓鄉村日——這是跟麗思卡爾頓飯店同等級的五星級兒童夏令營，可以游泳、玩飛索、攀岩、上私人教練課，還有優質的有機午餐，照理來說應該是所有孩子的夏日夢想，但狄格比卻覺得餐點很普通，而且昨天才跟他媽抱怨過。

「全麥的義大利麵之春超級噁心。」他說。

史蒂芬妮倒抽了一口涼氣。「太慘了，狄狄，還可以選什麼？」

「鮭魚。但煮得太老了。我根本吃不下去。」

史蒂芬妮一聽，非得找營隊人員談一談不可。「我是說不談不行，」她解釋給我聽：「這夏令營一週要六萬五，最起碼鮭魚要煮得合我兒子胃口吧？」

我點頭同意，沒錯沒錯，但其實心裡納悶義大利麵之春到底是什麼？

史蒂芬妮和狄格比走遠了，我推著睡著的桑普森在熱鬧的大廳晃，參加夏令營的小朋友在大廳來來去去，有的身邊跟著多明尼加的保母，有的是跟著塑膠臉的貴婦，她們穿著美麗的純白長洋裝，頭上戴著圓形草帽，每個看起來都像葛妮絲·派特洛（或者至少有努力模仿的痕跡），想想以前這種貴婦多令我著迷啊，如今演得這麼大，我只覺得無趣。

「真的，是史琵睿的輔導員說的。」一位貴婦低聲說道。

我側向左邊，偷看在我身邊竊竊私語的兩位貴婦，雖然不認識，但史蒂芬妮跟我提過，還說矮個子的這個是帝勢家的，我當時沒聽過「帝勢」，所以也沒當一回事，後來才知道帝勢家族的財富超過六千四百億，從醫院、藝廊到圖書館都可以看到「帝勢」這兩個字，在我看來，帝勢家的貴婦跟其他家的沒什麼不一樣，除了全身上下都穿義大利名牌杜嘉班納，此外就是一般婦女。

「但輔導員說這話是什麼意思？」帝勢家的貴婦問。

「意思是說：我們花了好幾萬把小孩送來這邊耶，對吧？不覺得很扯嗎？輔導員一星期才賺將近一萬塊耶！」

我大吃一驚，輔導員有時候一天工時超過十個鐘頭，薪水竟然低於基本工資，這種法律漏洞到底是怎麼鑽的？或許營隊的食宿也包含在工資裡面？帝勢家的貴婦一臉茫然，我以為她跟我一樣詫異，她眼神空洞地看著閨密，問：「一星期將近一萬塊，所以這樣是很多還是很少？」

空氣瞬間凝結，閨密似乎有點惱火，但馬上又氣消了：「哎！妳這人真壞！」朋友哈哈大笑，「一萬塊很少。他們給人家的薪水太低了，我是這個意思。」

忽然，我聽見有人喊我。史蒂芬妮二號站在大廳門口，我推著二寶去找她，內心盤算著要不要跟她說我剛才聽到的對話，但最後還是作罷，史蒂芬妮二號畢竟不是紗夏，要是剛剛的對話她也在，肯定會跟帝勢家的貴婦一樣失禮。我開始擔心自己下錯棋了，竟然在幫自己終究要恨之入骨的人帶小孩。

「都講好了，」她說：「我跟狄格比的小隊輔說了，他們今天會請狄格比跟主廚坐下來聊一聊，看他喜歡吃什麼肉、有沒有什麼不吃的。真是太好了，對吧？」

「真的。」我說。

真是太好了。

「披薩再十分鐘就到了。五點鐘之前在露臺把餐桌擺好，水和起司火腿拼盤準備好，可以嗎？」

「沒問題。」話一說完，我立刻Google起司火腿拼盤怎麼擺。

史蒂芬妮二號今天似乎有點神經錯亂，第一次舉辦漢普頓同樂會壓力太大了，她扛不住，要是等一等被其他媽媽排擠……眞是太驚慌了！總共有四位翠貝卡的鄰居小朋友會過來，超級足球明星教練也受僱來幫小朋友上課，史蒂芬妮家的後院很寬敞，四處散落著足球、球網、三角錐……等足球用具，儘管未必派得上用場，但買來擺著就是好看。爲了以防萬一，嵌入式的鹹水池罩了起來，露臺上的家具也全部擦拭過一遍，同樂會才兩個鐘頭，籌備時間卻長達數週，連一點小細節都不放過。

史蒂芬妮試穿了好幾件長洋裝，明明只是下午在自己家裡走來走去，那幾件洋裝怎麼看都覺得很不切實際。如果家裡只有史蒂芬妮和我，我會覺得跟她作伴很不錯，但她想成爲其他貴婦眼中的好媽媽，這樣的野心讓她變得很難相處，只要有其他貴婦在場，她就像變了一個人一樣。在嫁入豪門之前，史蒂芬妮並不富有，婚後動不動就炫富，一逮到機會就提一下最近又買了什麼、去哪裡渡假，既自大又討厭，要不是有狄格比，這工作最讓我惱火的就是她。

客人紛紛到了，史蒂芬妮把我呼來喚去，「不要讓客人用主衛浴，拜託，用廚房旁邊的客衛就好，我不想要家裡到處都是腳印，可以的話不要讓小孩進到屋子裡來，到時候弄得亂七八糟，但媽媽們可能會想參觀，畢竟我家太特別了，讓她們進來沒關係。」我一邊點頭，一邊把小黃瓜切成片，「沒問題。」我說。

「史蒂芬妮！」她吼得好大聲，我差點沒跳起來，「妳搞什麼？切得這麼厚，是想把小朋友噎死嗎？」

我還來不及回話，她就把刀子從我手裡搶過去。

「妳有什麼毛病？」她嗤笑道：「沒用過刀嗎？」

史蒂芬妮二號的足球派對安然度過了第一個鐘頭，小朋友全神貫注在足球課上，把球踢進小小的球網裡，大家跟著教練的指令，配合教練的無聊小遊戲，教練要大家假裝足球鴨鴨，大家就呱呱呱，接著教練又叫大家把足球撿起來頂在頭頂上。小朋友大多很聽話，咯咯咯笑個不停，熱切參與教練的活動，可是，狄格比卻躺在草地上，把鞋子踢得半天高。

我走到露臺上開始擺放餐具，耳邊傳來史蒂芬妮跟其他媽媽聊天的聲音，她們坐在戶外沙發上，一邊啜飲粉紅酒，一邊討論綠拿鐵、羊奶皂之類的話題。

「喔！天啊！看我們家的狄格比，」史蒂芬妮笑道：「狄狄，小寶貝啊！你在做什麼呀？把鞋子穿好，小可愛！」說完便轉向其他媽媽：「跟妳們說，我們一直默默鼓勵他踢足球，他真的好有運動天分喔，可是他太有主見、想法太多，懂我的意思吧？」

「喔，當然啦，」一位媽媽說，她穿著運動短褲，膝上卻擺著要價四十八萬的愛馬仕柏金包。「我是說，這一看就知道啦。」

我看了一眼躺在草地裡的奇怪小男生，心裡不禁納悶：這位媽媽是真的認爲狄格比有運動天分嗎？還是只是在練習得體的說話之道？狄格比只准吃瘦肉和蔬果，整個人瘦巴巴的，肢體也不協調，我看過的小孩當中，就屬他最沒有運動天分。狄格比快要滿六歲了，儘管本性不壞，但卻沒人教他規矩，犯錯也不會有後果，「不管教」的哲學讓他以爲刻毒也無所謂。史蒂芬妮會教他嚴格的戒律、不准他看螢幕、不准讀《哈利波特》，蘇斯博士的繪本大多也是禁書，這個不行、那個也不行，加上保護得太好，最終教出不善社交的孩子。

這些媽媽的小孩互動都很正常、玩得也很好，肯定看得出來狄格比有些奇怪。

「芬妮！」史蒂芬妮二號高喊：「晚餐準備好了？」

「都好了。」

「太好了。來，抱一下桑普森？」她說：「我要上餐桌，桑普森就讓他在外面，這樣他才有參與感，但找個有遮蔭的地方，我怕他熱。」

下午五點的後院幾乎沒有遮蔭，我抱著桑普森坐在角落，旁邊剛好有烤肉架可以擋太陽，小朋友一邊開動一邊揮手跟足球教練道別，史蒂芬妮塞給他六千四作爲教課一個鐘頭的酬勞，而且還大張旗鼓地感謝他，我把桑普森抱在膝上顛呀顛，史蒂芬妮叫狄格比過去吃晚餐。

「狄格比，過來跟你的朋友一起吃晚餐。」

「他們才不是我的朋友。我又不認識這些人！」他在院子另一頭扯開嗓子對著他媽媽喊，一旁就是火坑。

他說的也沒錯，他才剛認識這些小朋友，話雖然是這麼說，但其他小朋友都很合群，唯獨他例外。

「小寶貝，過來嘛，你剛剛練習好認眞，肚子一定餓壞了，過來吃飯吧。」

「不要！我要辦演唱會！」說完他就眞的開起了演唱會——這下可慘了。

過去幾個星期，我都在聽狄格比嘶吼著愛歌的歌詞，一吼就是好幾個鐘頭。這下可好了，晚餐才吃到一半，一群跟狄格比不熟的媽媽和小朋友被迫要欣賞同樣的演出，史蒂芬妮揶揄兒子「古靈精怪」（這是她說的），其他媽媽跟著陪笑。

「我不信聖者之道！我沒有水晶球！我手握現金上億，但我都花光了!!」

本來喜歡「超優合唱團」的歌迷，聽完狄格比的演唱會之後大概也很難再喜歡了吧？「要是給我找到那馬子，跟伊的愛人仔，看我一槍打死那漢子，罵她罵到找媽媽！」我仔細聽他唱的歌詞，不禁滿頭問號：史蒂芬妮二號不准家裡出現蘇斯博士的《魔法靈貓》，卻可以聽前男友報復女友外遇對象的流行歌？

狄格比還在唱個不停，等到史蒂芬妮終於把他哄上餐桌，桑普森已經不安分了。狄格比臭著一張臉走過後院去找其他小朋友，我抱著桑普森往屋裡走，進屋之前再看了一眼這場同樂會，剛好看到狄格比在上餐桌之前賞了某個小男生一巴掌。

17 傭人不用健身

只要大寶、二寶醒著，史蒂芬妮做什麼事情都需要我協助，我幾乎沒有任何私人時間。那年夏天，我大多早上六點四十五分上班、晚上七點半下班，雖然薪水很高，但工時很凶殘，比起我爸在工廠上班的日子，我的勞逸平衡也好不到哪裡去。

老公進城上班後，剩下史蒂芬妮二打一，她說自己沒辦法一次帶兩個。對我來說，帶小孩雖然很累，但至少不會一直鑽牛角尖，反正清醒的時間都在應付別人的需求。

等到我下班洗完澡，差不多都晚上八點了，我回到地下室的房間，打開電腦，查看一則又一則的「徵室友」廣告，看得我壓力好大。在紐約找房子，尤其是租金合理的房子，根本難如登天。萊菈和我已經無法共處一室，我們整個夏天都沒有說上話，她窩在我們地獄廚房的公寓裡，我則在漢普頓挺過一個又一個試用期。我們決定不再續租，等我回到地獄廚房，萊菈已經搬走了，雖然我也想過再找一個室友，但決定還是重新開始比較好，所以才會下定決心看新的房子。

一看到有興趣的徵室友廣告，我就會傳個簡短的自我介紹過去，內容包括我的工作、我幾歲……等，都是一些沒趣的事，大家互相交換這些情報，彷彿眞能就此判斷彼此適不適合當室友。我正寫到一半，胸口突然痛了起來，之前從來沒有過這樣的情況，我還以爲自己心臟病發作。

妳還太年輕了，我告訴自己。我的胸口彷彿壓著二十多公斤的大石頭，每一口呼吸都彷彿是最後一口氣，努力吸、吐、吸、吐，就這樣過了一個鐘頭，胸痛終於緩解，擔憂也跟著散去，但隔了幾天又發作，最後只能去看醫生。

墮胎之後那幾個月，我一直跟我的醫生說覺得怪怪的：「感覺不對勁。」於是，醫生幫我轉診，新的醫生說我沒毛病，然後又幫我轉診，轉診之後的醫生診斷說我患有季節性憂鬱症，然後再幫我轉診，最後這位醫生淡淡地說我這聽起來像「千禧世代」常見的現象。心理問題就是這樣。換作是鏈球菌咽喉炎，檢測一下就能知道確切病因。心理問題則多多少少像在玩猜猜看遊戲，世界上沒有任何一間實驗室可以檢測出病因。

雖然沒有任何一位醫生給了我具體的答案，但都有開藥給我，有些還說自己開的是對治墮胎後憂鬱症的特效藥，我年紀輕，身旁又沒有長輩可以依靠，所以照單全收，但依然沒有起色。我想找回從前的自己，但這些藥卻讓我麻木，我懷念任何事都能讓我發笑的日子，我懷念設身處地爲他人著想的自己，從前無論日子多灰暗，我總能從中找到希望。醫生開的藥麻痺了我的情感，既感覺不到快樂，也感覺不到傷心。只感覺到空虛。

我回想起人生中其他不敵憂鬱和焦慮的女性：一位是萊菈的媽媽，她有幸負擔得起各種昂貴的療程，但卻怎麼治都治不好。另一位是我的妹妹珍娜，她兩度進出州立精神病院，一住就是好幾個月。不過，就醫求助是一回事，找到高明的醫生、負擔高額的醫藥費、逼自己挺過療程又是另外一回事。不論就醫的是哪一種病患，心理健康醫療系統似乎都存在缺陷。我知道想擺脫憂鬱症不能只靠一小時一萬塊的心理治療——道理很簡單，我不可能長期負擔這麼高額的費用，憂鬱症要痊癒並不容易，身邊又沒有人能接住我，我只能自己救自己。

那天晚上，我回覆了最後一則誠徵室友的廣告，租屋地點在雀兒喜，是一棟有門房的大樓，三個人合租，租金雖然比我希望的還要高——每個月五萬八，但我的稅後週薪是三萬八千五百元，去掉學貸和其他帳單，剩下的剛好繳房租。每天工時超過十二小時還是有好處的，我的存款來到歷年新高，而且根本沒有時間開銷。

我躺在特大號的雙人床上（這是整間傭人房裡唯一的家具），突然意識到自己走到了人生的十字路口。我帶露比和帶杭特之所以帶得那麼好，不是因為受到上流社會吸引，也不是因為我賺得盆滿缽滿。沒錯，我最初需要當保母就是因為薪水高，但薪水高不是我帶孩子帶得很好的原因。我之所以帶得很好，是因為我專注在這份工作的光明面，而且我全心全意愛著露比和杭特。可是，如果我一直恨這份工作，我就再也沒辦法帶孩子帶出樂趣。而我除非願意正視自己的心魔，否則只能一直怨天尤人下去。

我住進了雀兒喜的大樓，出入有門房，新住處的奢華暗示著我：我又離成功更近了一步。剛搬來紐約的時候，公設這麼多的住宅彷彿遙不可及的夢想，感覺只有紐約的上流人士才能入住。搬來紐約之後奮鬥了那麼久，我總算嘗到美好生活的滋味，眼前等待我的是新朋友和嶄新的開始，我有機會停止自怨自艾，好好珍惜身邊所有，不再滿心委屈。我過去的所作所爲根本是在搞自我破壞，我必須先認清這個事實，才能向別人承認這一點。所以我看清楚了，眞的要痛過才能走出傷痛。我不再依賴暫時麻痺情緒的東西，反而正面迎擊，最初很慘，再來很難，後來愈來愈簡單，要是早一點曉得要直接面對情緒，那該有多好。

二十五歲的我，還是有機會成爲當初來紐約想成爲的自己——這是我用僅存的希望得出的結論，我心裡有個不知從哪裡冒出來的聲音，叫我要努力振作起來，這樣的頓悟感覺像靈異現象，但或許也沒那麼神奇，說不定是出身清寒造就了我爭強好勝的個性，小時候看著我爸一次又一次被命運打倒再站起來，長大之後我也跟著有樣學樣，成長的過程教會我勇往直前，我身上擁有一樣上東區的小孩永遠得不到的東西——愈挫愈勇的韌性。

搬到雀兒喜的前一週，我醒得特別早，起床後再次拿出電腦，上網搜尋查理斯王騎士犬的賣家，結果找到兩間商譽卓越的店家，其中一間剛好生了一窩幼犬，我滑著一張一張幼犬的照片，一路滑到最後一張。上班後，我抽空詢問店家：爲什麼最後一隻幼犬比較便宜。

「那隻生得不好，」店家嘆了一口氣，「而且嘴巴上有胎記，雖然血統純正，但是沒人要，永遠參加不了選美比賽。」

我聽完當場下訂。

當天晚上，大寶、二寶都睡了，我可以出門透透氣，一路走到沙灘，在海邊坐下來，把沒吃完的三明治剝一剝餵給飢腸轆轆的海鷗。我還沒做好跟我媽說話的心理準備，但我很清楚自己有多想念兩個妹妹，我已經好幾個月沒跟她們說話了，餵完最後一塊麵包，我拿起手機撥了電話。

「喂？」我爸說。

開頭前幾分鐘，我們聊得很不順，尷尬到令人不安，心裡忍不住想：我爸是不是跟我一樣想掛電話？但後來慢慢就聊開了，我告訴他我最近過得很不好，但他早就知道了。

多虧了歐巴馬醫改計畫，我的健保還掛在我爸那邊（但再過幾個月就失效了），他看到我去接受心理治療。

「有用嗎？」我爸問。

我說我覺得沒用。

我有朋友非常相信心理治療，說是因此改頭換面，各方面都發揮得比以前更好。我雖然相信他們，但對我來說：跟陌生人講心事完全沒用，我好像還愈講愈恨、愈講愈懷疑自己。我需要換個方法來整理情緒。

「但妳以前都滿開心的啊。雖然笨笨的，但都開開心心的，」我爸說。「我搞不懂，就是說，到底是發生了什麼事？怎麼會變成這樣？」

「就是過得不太好。」我說，但這次我破例多說了一點，把來龍去脈都講給我爸聽。

「嗯，我很高興妳打給我，」在這通電話的尾聲，我爸這麼說：「妳知道，我們有我們的問題，這一點我很清楚……」說到這裡他頓了一下，彷彿有話卡在喉嚨，想講又不知道該不該講。我懂這種感覺。

「沒關係的。」我說。

「有關係，」終於，他繼續往下說：「絕對有關係。家人就是家人，無論發生什麼事，我們都會挺妳，我知道我們未必做得很好，但我們一直都會在。我們都會挺妳。」

這是我跟我爸媽和解的第一步。這通電話就是轉捩點。在電話中，我認清自己沒辦法改變我爸媽，也沒辦法改變我的出身，而且我全心接受這些事實。他們已經拚盡全力，我不能氣他們怎麼不再更努力一點。爸媽是爸媽，我是我，雖然我們的價值觀和想法都不同，但無所謂，重要的是我們尊重彼此，而且願意嘗試了解對方。

我的家人雖然是在遠方守護著我、看著我一步一步重建生活秩序，但我們的心比從前靠得更近。我在腦海裡重複播放我爸說的話，然後才開口回答。

我們都會挺妳。

「我知道。」說完我感覺臉頰發燙，滾燙的淚水撲簌簌流了下來。我爸的父愛向來有限，我們的父女關係也坑坑疤疤，但無所謂。只要他安慰幾句，我就又重新燃起了希望。

夏天的尾巴來得很沒勁。九月勞動節長假，我們從漢普頓回到紐約。週六那天，三位老友來紐約幫我搬家，我的家具不多，一張床，一臺電視，衣服和鞋子也只有幾箱，我們只花了一個鐘頭的時間，就把所有家當從五層樓高的公寓扛到一樓，一件一件堆上從U-Haul租來的搬家卡車。婕思幫我搬完最後一箱之後，奧莉薇雅問我準備好了嗎？

我站在空空蕩蕩的房間，這裡原本是萊菈和我的客廳，我把新養的小狗狗緊緊抱在胸口。「再給我一分鐘。」我跟奧莉薇雅說完，將小狗遞給她。我聽著她的腳步聲下樓遠去，漸漸聽不見了。能有這樣的朋友，是我的幸運，在一片寂靜中，我冒出了這樣的心聲。

看著空空如也的公寓，我完全認清自己過去自傷了一整年。憎恨多麼醜陋，我竟然任憑它支配我生活的方方面面，環顧四周：油漆剝落，水管外露，我心想：這公寓有夠破爛，就這樣搬走雖然難過，但也象徵我有機會重新來過。我一邊收拾包包，一邊看了看本來屬於萊菈的房間，正午的陽光從窗戶溜進來，灑在原本擺放床鋪的地方。未來還有好多好事在等我；我開始懂了。信心也更堅定了。

九月的第一個星期一是勞動節，隔天我回去上班，來到史蒂芬妮在翠貝卡的頂樓豪宅，雖然沒有漢普頓的避暑別墅那麼寬敞，但一樣漂亮。我跟MTV實境秀《比佛利拜金女》裡的蘿倫一起搭電梯上樓，她在垃圾桶旁邊停住腳步，扔了幾雙范倫鐵諾的鞋子進去，我後來把這些鞋子全都撿回來，雖然尺寸不合，但可以上網拍賣。我敢打包票：蘿倫肯定不曉得Poshmark這個二手交易平臺。

「早安，狄格比。」我說。

「閉嘴。」他回我。

幾秒鐘過後，史蒂芬妮來到廚房，把二寶交給我抱：「我需要換衣服，但先問問妳：搬家還順利嗎？」

「很順利！超級輕鬆！而且我超愛我新租的房子，有露臺，有健身房，」想到這裡，我的嘴角忍不住上揚，「我想我會過得很開心。」

「什麼？健身房？」史蒂芬妮說。

她的口氣帶著敵意，我聽過她這樣子跟別人說話，像是服務生、祕書，這些人不是只需要寒暄幾句，就是她自覺人家不如她。我上一次聽到她用這種語氣是在八月底，有工人來改建她的第二套廚房，工人問能不能用洗手間，但她拒絕了。「抱歉，你要不要開車去市中心上？市中心有一間星巴克，十分鐘的車程而已。」我雖然知道史蒂芬妮待人簡慢，但她從來沒有這樣對我過。

「我們這裡前幾年才有健身房。妳倒是過起我們的生活來了。我們付妳的薪水是不是太高了？」她笑著說。

18　麻煩清洗內褲

狄格比五歲了，幾乎天天都大便在褲子上，而且他並非無心，而是居心不良。都已經訓練他用馬桶訓練了三年，他只挑方便的時候用，而且明明曉得大便在褲子上是不對的，卻還是照犯不誤，他媽一直叫我用手洗他沾到大便的內褲。

「他就是太聰明了，」史蒂芬妮嘆了口氣，我把一籃糊著屎的內褲拿進洗衣間，「他放不下手邊的事，實在離不開，疊樂高疊得太專注了，沒辦法停下來去用洗手間。」

我這整個星期都在面試新的職缺，史蒂芬妮渾然不覺，一旦有更好的機會，我立刻洗手不幹，她對她兒子的觀察實在錯得離譜，但我懶得理她了。

「這兩件可以直接丟了？」我一邊問，一邊看著沾滿（不是嬰幼兒而是）孩童大便的白色內褲。

「當然不行。這些是亞麻內褲，妳知道一條多貴嗎？先在水槽裡浸一浸再刮掉。」

我嘆了一口氣，但還是乖乖照做，如果還想每個星期領到薪水，就得謹遵老闆的要求，不論再怎麼扯都得遵守。我實在搞不懂，這位太太不久之前才誇耀自己的鞋子全是香奈兒，怎麼就買不起新的亞麻內褲給兒子呢？不過，我很清楚史蒂芬妮二號才不管我懂不懂。

「媽媽！我還要浴鹽！」狄格比在浴缸裡大叫。

史蒂芬妮朝兒子飛奔而去，幫他倒更多浴鹽，再回來時，我拿著兩條內褲在水槽裡互搓，狄格比大完之後在大便上坐了一陣子，有些大便牢牢黏在內褲上，我希望用搓的搓下來。

「妳在搞什麼？」史蒂芬妮衝著我吼道。

我頓了一下，迷惑不解。「洗內褲啊？」

「哎，好，內褲不是這樣洗的，我的媽啊，芬妮，芬妮，妳要好好學怎麼洗才行。」

史蒂芬妮抓起內褲，開始徒手把大便摳下來，摳了幾下之後，她把手一揮。

「別在這裡礙事，去照顧二寶。這家裡的事情就是這樣，樣樣都得要我親自動手。」

「芬妮，我要妳跟狄格比好好培養感情，妳在這方面花的心力太少了，他到現在還是很排斥妳，所以呢，你們今天要一起共進午餐。」

史蒂芬妮跟我說話的態度，彷彿當我是無能的小嬰兒，我們常常愈聊愈尷尬，我覺得她講話之所以那麼做作，是因爲她一直想裝出得體的樣子，這感覺很像在跟ＡＩ機器人說話，但是史蒂芬妮是血肉之軀，無法拔掉插頭，更無法調低音量。

「好，沒問題。要帶他去哪裡吃午餐？」

狄格比在房間聽見我們說話，立刻尖叫抗議。我跟露比和杭特單獨用餐過數十次，他們最愛Shake Shack漢堡店、麥當勞、披薩，還有他們家轉角的貝果店。狄格比的飲食禁忌雖然很多，但畢竟也才五歲，我猜想我們會去速食店、貝果店之類的——大白天就能吃到薯條，想一想眞是誘人。

「我訂了十二點的Fig & Olive，你們再過一個鐘頭就能出發了。」

這下換我（在內心）尖叫了。

Fig & Olive位在住宅區，會去光顧的都是穿西裝或鉛筆裙的專業人士，這間高檔餐廳提供當令的地中海飲食，帶位小姐滿臉困惑，安排我和狄格比坐在一桌律師隔壁，他們正在討論一樁複雜案件應該如何攻防。

「狄格比，需要我幫你問一下有沒有兒童餐嗎？」我問。

我快速瀏覽了一下主菜——沒有一道我認得，狄格比的閱讀能力雖然很強，但應該看不懂有哪些菜色可以選吧？

「我已經選好了。」

「眞的假的，」我很詫異，「你要點什麼？」

「我要點日本南瓜燉飯，很好吃。」

「聽起來很棒。」我說。想一想我跟狄格比一樣大的時候，我們家連生鮮雜貨都買不起。我就讀的公立學校有附免費早餐，需要的同學都會提早一個小時到學校，以免早餐被拿完。狄格比雖然才五歲，對於點菜卻自信十足，甚至毫不考慮點兒童餐，這樣的傲慢和特權，就連在大人身上都很罕見，遑論五歲大的孩子。

好不容易等到上菜，眞是謝天謝地。跟狄格比共進午餐，簡直就像陪一個小老頭度過午後，儘管狄格比因爲家裡保護得太好，還是有很多幼稚的地方，但他有個老靈魂，既不會亂開玩笑，也不會吱吱咯咯笑個不停，缺少很多小孩應有的特質，我完全不曉得該怎麼跟他互動，加上他瞧不起我，相處起來更加困難。

「芬妮，」狄格比問：「我會不會快死了？」

這問題嚇壞我了。「怎麼會？狄格比，你才五歲。」

「五歲也有可能得癌症。」

這倒是沒錯，可是……我猶豫了一下。跟小朋友談生死話題——就算是跟我很要好的孩子——都必須字斟句酌。他們的心靈很脆弱，可能會誤解你話裡的意思，或者愈聽愈迷糊。

「沒錯。但大部分的人都很長壽。我覺得你還用不著煩惱。」

「可是，如果我吃太多糖，我的身體就會很虛弱，很虛弱就打不贏壞細菌。媽媽說人死了之後沒有天堂，我沒有任何地方可以去。不過，聖誕節的時候，奶奶說耶穌會在天堂等我。」他重重嘆了一口氣，一點也不像五歲的小男生。「我不想死。」

雖然狄格比和我無望深交，但我替他感到難過。他還這麼小，就這麼特立獨行，這個也怕、那個也怕，從小就被他那寵溺小孩的媽媽灌輸了一堆恐懼，比起做母親，史蒂芬妮對於扮演完美媽媽更上心。狄格比沒有做自己的自由，也沒有形成自己想法的自由。雖然沒有「正確的」教養方法，但我認爲過猶不及，如果不懂得節制，孩子就可能知道的太多（或者太少），下場就是變得像狄格比這樣。

那天下午，我跟史蒂芬妮提了離職，並且打電話給仲介公司，讓他們知道我眞的不做了，我的仲介在電話另一頭嘆了一口氣，說她一點也不意外。

「爲什麼？」我問。

「我們上次介紹給史蒂芬妮的保母，還不如妳撐得久，那保母有一次外出吃午餐，就再也沒回去了，史蒂芬妮還以爲保母被綁架或者遇害了，但保母說沒事，只是沒辦法再幫史蒂芬妮帶小孩，多帶一秒鐘都不行。」

麥迪遜仲介公司馬上幫我安排三場面試。第一場是來亂的，小朋友很煩，而且沒洗澡，我跟家長還沒聊完，就知道自己興趣缺缺。如果我還想在保母這一行混下去，就需要找到我心目中的完美家庭——父母和孩子都必須跟我合得來，而且認同我帶小孩的方法。這雖然很難，但有機會，重點是要有耐心。

我前往第二場面試，敲了敲公園大道的豪宅大門。仲介先幫我做了心理建設，說這家人非常有名：「行事務必謹慎，」仲介說：「這一家是重要的公眾人物。」我迫不及待想看一看究竟是什麼人。

來應門的是黑髮男子，極富魅力，親切地跟我打招呼，他太太嬌小玲瓏，柔弱但是熱忱。我這輩子從來沒看過這對夫妻，他們的豪宅雖然像雜誌一樣漂亮，但卻沒有任何讓我熱血沸騰的地方。我原本幻想面試我的會是明星夫妻檔布蕾克・萊芙莉和萊恩・雷諾斯，沒想到就只是到另一戶有錢人家、坐一坐典雅的絨布沙發。

「可以問妳一個問題嗎？」黑髮男問。

「當然可以。」

「妳一點也……」他說到一半打住，想一想該怎麼說才對：「妳不太像其他我們面試過的保母。老實說，我覺得妳不適合。妳雖然樣樣都好，但我們在找的比較像女傭，我們的孩子都大了，只需要人家準備三餐和飯後清掃。但我還是很好奇，妳怎麼會想做這份工作？」

我把我的處境解釋給他聽，包括學貸啦、利率啦，還有我怎麼誤打誤撞進入這一行。我忍不住覺得荒謬，我都還沒說自己通常不下廚、不清掃，但卻似乎也沒有說的必要，光是看我的外表，他就推斷我肯定不願意。我忍不住納悶：如果坐在這裡面試的，是跟我同年紀但不同族裔的女生，情況會怎麼樣？直接被認定是當女傭的料嗎？

「但我好愛我第一次帶的寶寶，每天都高高興興去上班。我想我察覺自己愛上了這份工作。」

送我離開時，這對夫妻跟我漫不經心地閒聊，看著他們，我想起了紗夏和她老公，雖然身處榮華富貴，舉止卻與常人無異。他們帶我走過長長的走廊，我瞥見牆上有一幅巨大的全家福，裡面有一張熟面孔，我一踏出門外，立刻掏出手機Google。儘管我不會把伊凡卡．川普的小姑歸類爲名人，但仲介或許只是愼重其事，無論實情如何，我都很氣自己——我竟然對這對夫妻心生好感。

我搭地鐵到下城區參加當天最後一場面試。時近傍晚，太陽快下山了，翠貝卡的石子路沾染了夕陽餘暉的煦煦流光，雜誌說翠貝卡區格林威治街四四三號是全紐約最能「防狗仔偷拍的豪宅」，住在這裡的都是赫赫名流和超級富豪，面試我的這戶人家雖然並非名人，但鄰居全都大有來頭。豪宅的接待大廳昏暗舒適，門房之殷勤周到，勝過公園大道的頂級門房，但我猜不殷勤也不行，他們看守的住戶，可是大賈斯汀、珍妮佛．勞倫斯這些大有來頭的人物。「先生和太太還沒回來，」門房向我解釋：「您可以先在大廳等候。」

我坐在燈光朦朧的大廳裡，感覺坐了好久好久，突然靈光一閃：怎麼紐約市所謂的「酷」和「潮」，都是昏暗昏暗的，眞是奇怪了？我看了一下時間。表定四點半面試，現在都已經五點十五分了。換作是我遲到那麼久，大概早就直接被刷掉了。他們這樣拖拖拉拉令我發愁，都還沒見過面，就覺得我可有可無。

「史蒂芬妮？」其中一位門房呼喚我：「太太剛剛打來，說他們塞在路上了，但我們先送妳上去，奶媽蘿莎在樓上，她會用FaceTime讓妳面試。」

雖然很詭異，但我恭敬不如從命，反正也沒有其他辦法。門房陪我去搭電梯，幫我按好樓層，以免我不小心晃到其他名人的住家去。

蘿莎是上週末班的奶媽，全職管家親切體貼接待著週日來訪的我。蘿莎說駱博士和先生帶兩個大的去布朗克斯動物園玩，司機找不到更快的路線趕回來，但小寶寶在家，我FaceTime面試結束之後，她很樂意帶我參觀一下。

「這給妳，」蘿莎把畫面開好遞給我，「他們會打這支，這是我的公司機。」

公司機？這裡又不是Google總部？我們只不過是坐在人家一百四十坪的房子裡啊？但我環顧四周，看一看這裡僱用的人，或許是我想錯了，在這裡持家跟經營企業沒兩樣，兩者都需要員工。僱用一個人，跟僱用十個人，完全是兩回事。

終於等到駱博士打來，我等得滿肚子氣，加上面試了一整天，又跟一堆陌生人說話，實在已經很累了，我以爲通話會草草結束，沒想到我們卻很聊得來，才聊不到幾句，我就喜歡上駱博士，駱博士似乎也覺得我這個人很有意思。「我們一直在找像妳這樣的保母。」面試開始不久她就這麼說，我深思熟慮回答她每一道問題，不時開開玩笑，而且都有戳中笑點。我很難得跟人一拍即合，她邀我下星期來跟他們全家一起相處，這讓我精神爲之一振。

我向她道謝，離開的路上，我回想剛才的對話，我很喜歡駱博士，我們的育兒哲學顯然很像，她跟她先生都有重要的事業要忙，沒辦法親力親爲帶孩子，她坦承自己需要全天候保母，年紀要輕，體力要夠，必須上滿核心時數——每天早上七點到晚上七點半，我會需要出差（常常還得出國），負責管理其他參與育兒的員工。我自知做得來，但我才剛走出史蒂芬妮煉獄，很猶豫要不要再投入這麼高強度的工作。我刷了MetroCard進入地鐵站，手機突然響了。

「史蒂芬妮！」女仲介尖著嗓子說道：「駱博士很喜歡妳！她知道妳今天還去其他家面試，她不希望妳被搶走，所以打電話來開了價碼，希望妳狠不下心拒絕！」

「多少？」

「四百萬，加上醫保、MetroCard儲值、年終獎金，加班工資加倍。妳覺得怎麼樣？」

我刷出地鐵站走回大街上，眼前是難以置信的七位數高薪，我不確定自己該不該接。我最近才開始提升自我，我現在做的任何決定——接下什麼工作、服務哪戶人家，都會長遠影響我接下來的發展。我站在紐約街頭，面前是我來紐約所夢寐以求的高薪——這個價碼簡直再好也沒有，我一口氣站上食物鏈頂端，穩坐全紐約最高薪的保母，短短幾年就登峰造極，既坐擁高薪，又能展望高額年終，還有做夢也想不到的福利，但怎麼覺得怪怪的？我不想拒絕這樣的大好機會，但又還沒弄清楚自己還沒準備好的理由，所以我回了「可以」。

我預定一週後到駱博士家上工，但我對這項抉擇依然不放心，因此，我答應到上城區參加最後一場面試。雖然我主要都透過仲介來找僱主，但偶爾還是會上Care.com看看，最近跟一戶上東區的家庭聯絡上，家中有兩名幼兒，誠徵年輕、活潑、精力充沛的全職保母，照理來說，這些資格我全部符合，但我最近常常腰痠背痛，眞的很想休息，不過我沒有在簡訊中提到這些。

面試當天早上，我差一點就按下取消，反正這家人不可能開出比駱博士更好的待遇，但我一直拖著沒打電話，害怕雙方會起衝突，最後決定還是乖乖去面試比較好。

「嗨！」希奧來應門，用氣音跟我打招呼：「寶寶在睡覺。進來客廳吧。」

黛凡和希奧比我想的還要年輕，都才三十多歲，臉上皺紋不多，眼底還有光采。希奧穿著Nike的Air Force鞋，黛凡的穿搭亮點我想不起來，只記得我當時心想：他們跟我認識的上東區家長很不一樣。從他們的高樓豪宅看出去，可以飽覽整個紐約的風景，行人像小蟲子在車水馬龍的街道上移動。人在紐約很容易覺得自己很渺小，但站在高樓往下看，整個紐約變得好迷你。

「這是我的小芭比娃娃——小芭，然後這是我的大芭比娃娃——大芭。」他們三歲大的女兒小蕾向我解釋。

她秀給我看各式各樣的娃娃，我觀察到小蕾雖然很外向、但很認真，雖然聰明、但或許有一點跋扈。露比三歲的時候雖然事事好奇、但個性矜持含蓄，小蕾則很愛聊天，東問西問問不停，就連坐著都不安分，一直扭來扭去，她爸媽請她讓大人好好說話，她雖然不滿，但很快就把注意力轉移到玩具上，暫時不理我們了。

「不得不說，見到妳我們很興奮。」這聽起來像所有面試的起手式，接下來的二十分鐘也沒出什麼差錯，我神色自若回答他們的問題。面試了這麼多戶人家，我已經學會該如何應對進退，而不是只有自我推銷、自吹自擂。剛開始雖然有些尷尬（面試大多都是這樣），但感覺很自在，我回想上次在工作場合這麼放鬆是什麼時候？好像就是在紗夏家的那段時光。

我謝謝黛凡和希奧撥冗跟我碰面，小蕾問我會不會很快再去她家玩？我們三個大人都笑了，我跟她說應該會喔，但卻暗暗覺得我一定會再回來。搭乘地鐵Q線回家的路上，我回想了一下工作細節，工時依然很長（早上八點到晚上七點），夫妻倆都是律師，黛凡常常出差，因此需要配合度高的保母，尤其他們還考慮要生第三胎。他們不像駱博士請了大批管家，所以家裡只有寶寶和我，我雖然知道怎麼對付三歲和一歲的小孩，但我只跟全職媽媽搭檔過，而且當時還有管家幫忙，因此，我很懷疑自己忙不忙得過來。

隔天，我走去世貿中心找朋友，走到一半，手機響了，黛凡問我願不願意接工作，待遇很優渥，但是不含醫保，而我已經不能再請我爸媽幫我加保了。「不勝感激，」我告訴黛凡：「給我幾天的時間考慮一下。」

走到下城區後，我寫信給幫我和駱博士牽線的仲介：

我再過幾天就要上工了，合約至今還沒收到，我需要先檢視合約才可以開始正式工作。

仲介馬上回信，說她跟駱博士講了合約的事，但駱博士真的很忙，等我上工之後再把合約給我。我轉頭把這件事告訴朋友，告訴她我覺得聽起來不妙。

過了幾天，我打電話給黛凡，告訴她我準備好隨時上工。

19 打臉來得太快

我高中畢業之後幾年過得不如預期，是說我也不太會做計畫就是了。畢業那年暑假，我爸幫我在他管理的運輸中心找了一份工作，工時對於青少年來說簡直是虐待，早上七點上班、下午四點下班，打卡時間已經很慘，工作內容居然還更慘。

「覺得怎麼樣？」第一天輪完班之後，我爸問我。

「沒待過這麼可怕的地方。」我告訴他，他哈哈大笑，還說就是因爲這樣他才幫我找這份工作。

每天早上，我會分到一排六公尺長的補給品，面前是一只箱子和一條跑得飛快的輸送帶，我先掃描箱子，然後將牆上亮起的藥品裝進箱子裡，這工作實在無聊透頂，而且我每天輪班九個小時，就只做這麼一件事，每小時可以賺四百多塊錢，週薪將近一萬三，對於青少年來說，一萬三是一筆大錢，但對於那些在運輸中心工作的單親爸媽和阿公、阿嬤，週薪一萬三要怎麼過生活？

有一天值班到一半，我環顧四周，發現除了四位暑期大學工讀生之外，其他裝箱線上的大人都在這裡工作了大半輩子。中間休息時間，十五位大媽一邊抽菸、一邊抱怨，說是站了一整天，下背部很痛。這些大媽大多住在羅德島的文索基特，運輸中心也位在這裡，當地居民有三分之一靠政府發放的食品券購買生鮮雜貨，二〇〇九年，當地家庭收入中位數略高於一百二十萬，又老，又累，又可悲，未來的日子會不會更好過？我看很難說。

三個月後，我進入迪恩學院（Dean College），立刻奮發圖強。裝箱線上的見聞把我給嚇壞了，還有一件讓我害怕的事我沒跟家人說：我爸剛出社會時做的就是這種工作。

第一學期結束後，我獲得了書卷獎，GPA接近滿分。我告訴爸媽：「我要轉學。我要申請波士頓大學、加州大學、查普曼大學、愛默生學院。」

「妳現在是靠打籃球在領獎學金耶。」

「但迪恩學院是專校，兩年就畢業了，」我提醒爸媽：「這裡沒有我要的主修，也沒有我要的資源。我要當的是作家。」

「妳要當的是白痴啦。」我爸也只能這麼回。

錄取通知如雪片般飛來，我樂不可支。成功了。我真的成功了！我樂得開香檳慶祝，我爸媽卻在討論我缺乏常識。他們還是不相信我，所以我們做了個約定。

「妳先休學一年，好好思考這個爛決定、好好接全職工作賺錢，先把妳在波士頓的生活費存好，」我爸說：「如果一年之後妳還是想轉學，我再幫妳簽學貸。」

就這樣過了三百六十天，我在附近超商收銀收了一整年，充分展現我對轉學的執念。我再次申請愛默生學院，我知道這就是我命中註定的學校，我去波士頓大學找萊菈的時候，順便到三公里外的愛默生學院參觀了一下——充滿活力的校園讓我心底湧現無限的創意。錄取通知再次寄來的時候，我剛從超商的烘焙部下班，全身上下都是麵粉，我拿著通知單去找我爸，心情比一年前更加得意，他長嘆了一口氣，但約定就是約定。十九歲的我涉世未深，哪裡知道簽下學貸就等於放棄自由。

搬到波士頓之後，萊菈和我都住在輕軌綠線上，租屋處相鄰不到幾條街，她和朋友茱兒合租兩房一廳的公寓，從萊菈的臥房窗戶望出去，芬威棒球場的照明輝煌奪目，每當有人擊出全壘打，小廚房裡就會傳來球迷的歡呼聲。我的預算比較低，跟一位伯克利音樂學院的學生合租一間臥房，我們是透過分類廣告認識的，她叫儷晏，不愛洗澡。我懶得花錢買床，趁著限時大特價，在沃爾瑪搶購了一張床墊，睡起來跟石頭一樣硬。我的新生活眞是太棒了，我太高興了。

爲了補修科學學分，我的導師安排我去修氣候變遷的課，教授第一堂課問全班相不相信氣候變遷？相信就舉手，我一動也不動，令我震驚的是：全班竟然只有我沒舉手。教授沒有問我原因，但點了其他同學發表相信的理由。

「美國的二氧化碳排放量占全球的四分之一。」某位同學說。

大白痴，我心想。

我知道的事情竟然全班都不知道，眞是難以相信——「全球暖化」根本是總統候選人高爾瞎掰出來的，我們全家討論過不下數十次，結論是根本用不著瞎操心，地球都已經存在了那麼久，什麼變化沒經歷過？這樣狹隘的世界觀在我心中根深蒂固，經過一學期也絲毫未見動搖——各種事實和論據雖然聽得我心神不寧，但到頭來還是選擇不相信。

在這所創意人文學院，同學會打扮成最愛的《魔戒》角色到校上課，還會在宿舍裡調製愛情靈藥，整個校園裡只有一個怪胎，那就是思想保守的我。

或許是因爲我沒有受到潛移默化，又或許是因爲我格格不入，萊菈向我提了一樁建議。

「我要去倫敦上暑期課程，」她說：「妳要不要也申請看看？」

我從來沒拿過護照，所以我爸媽很傻眼，不曉得我拿證件去波士頓的護照辦事處幹麼。

「妳爲什麼需要去倫敦？」我爸問。

事實上我沒有需要去倫敦，我只是想要去倫敦。

沒出過國門也無所謂，沒錢也無所謂，反正兌換外幣弄得我頭昏腦脹，英鎊跟便士傻傻分不清楚。

我對異國文化所知有限，有一次，萊菈告訴我：她跟家人去看過金字塔，從那之後的整整十年間，我都以為她去了埃及，逢人就說我朋友在圖坦卡門陵墓外面拍了好幾張拍立得，後來才曉得她是去墨西哥的坎昆看了瑪雅金字塔。

我不曉得自己想去英國看什麼，除了艾爾頓．強之外，我不太確定英國有什麼可以看的。儘管如此，我還是提著小小的行李箱，跟我外婆借了幾萬塊，大叫一聲「賤人再會啦」，道別了站在家門口瞪著我的家人。

我從甘迺迪國際機場搭上飛往希斯洛機場的紅眼班機，從包包裡抽出昨晚列好的「人生必玩清單」：

待辦事項：
去杜莎夫人蠟像館
喝下午茶
去皇宮（耶！耶！女王！）
逛超大間的Topshop服飾店

我偷看了一下隔壁，萊菈正在看她的清單，滿滿三大張，還有小小的、手繪的英國國家美術館地圖，我宛如大夢初醒：在我的世界裡，唯一無可爭辯的事實就是：我對這世界上的任何地方都一無所知。

倫敦暑期課程安排我們去慈善機構實習，光是到機構報到，萊菈和我必須轉乘地鐵再改搭公車，單趟就要一個半小時，考量到我們是去做義工，這通勤時間很值得拿來說嘴了。萊菈在一間精神復健機構實習，邂逅了一位超帥又超跩的員工，兩個人很快就開始約會。我則被分到一間日間照顧中心，裡頭都是重度殘障人士，我上半天陪他們著色、下半天解釋基本性知識給他們聽。如果萊菈是英國的平民王妃黛安娜，我就是英國的毒舌製作人西蒙．考威爾，不僅言行粗魯，而且看不出來我有什麼資格拿到這份實習。

剛到英國前幾週，萊菈和我隨時隨地都能睡，一開始是時差，後來純粹是累壞了，每天大老遠跑去上班，只剩晚上可以到處閒晃。某個週末，我們到布萊頓一日遊，兩個人都太累又太醉，事後回想不起來到底去了哪些景點，只記得到的時候有個海灘，離開的時候海水卻不曉得消失到哪裡去了。隔天回到工作崗位，我身心都無法投入照護，到班不到一個鐘頭就溜出去透透氣。

「沒事吧？」

我嚇了一跳，趕緊回覆我的上司蘿思：「喔，沒事，我很好。抱歉，我不曉得外頭有人。」

這天的天氣很倫敦，陰陰的，明明是夏天，卻不怎麼熱。蘿思彈了一下菸灰，接著踩熄菸蒂。

「讀過了嗎？」她拿起一本書，封面是希拉蕊的照片。我差點沒吐出來。

「沒讀過，」我說：「不是很喜歡。」

「眞的假的？」她很詫異：「我還以爲美國的年輕女生都在讀這本回憶錄。這在英國是暢銷書。」

蘿思對於我沒讀過《抉擇：希拉蕊回憶錄》有多詫異，我對於她竟然讀過《抉擇》就有多驚奇。我知道我們的總統（很不幸）是歐巴馬，但如果問我副總統是誰？我肯定答不上來。我不曉得羅德島州是誰在管，也不懂眾議院席次是怎麼回事，更不知道英國的「總統」是誰。說也奇怪，好好一個英國人，怎麼會對其他國家的政治人物感興趣呢？

「希拉蕊要來倫敦，這妳知道吧？」蘿思說：「要去哈查茲書店，在皮卡地里的那一間，先演講，再簽書。妳眞的應該讀一讀。我快看完了，可以借妳。」

「唉唷，不用啦。」我笑著說，但耳邊卻響起幾年前我大伯在新罕布夏州的山中婚禮上說的話：「幹他媽的無腦蕾絲邊，想把國家讓給墨西哥，其他人都吃麵包屑就好了。」

蘿思進去了，對話結束，我樂得輕鬆，可是隔天上班，《抉擇》就躺在我的辦公桌上，我把書帶走，以示禮貌。

「至少讀一章吧？」萊菈鼓勵我——這是理所當然的事，如果我爸在場，一定會說她是「玻璃心的瘋婆子，只知道幫自由派宣傳。」

「才不要。」我說。可是，蘿思天天都來問我有什麼想法，我天天都說沒想法，說得我都膩了。

那天下午搭地鐵回家，雖然是尖峰時刻，但車廂裡異常安靜，我終於把《抉擇》翻開來。我看了一下封面，突然胃裡一陣發酸，光是捧著希拉蕊的書，就像背叛所有我還在世的親人。我想起我們拿歐巴馬開的玩笑：「他根本種族歧視啊。」奶奶說。無論在哪一個平行宇宙，奶奶這番話都是對的。說到底，自由派根本就想害我們家，他們就只會劫富濟貧。後來我不禁納悶：我怎麼就沒想過濟貧濟的就是我們家啊？我們這不是跟自己過不去嗎？

我本來只打算讀第一章，但卻一路讀到第五十九頁，這一章的標題寫著〈中國：未知的水域〉，我才發覺自己根本不曉得政治怎麼運作，更慘的是，我也不曉得世界怎麼運作。我那些慷慨激昂的看法全是奠定在道聽途說上，對於政治，我從小就被灌輸了太多偏見，從來沒想過要形成自己的見解。雖然我不確定自己喜不喜歡希拉蕊，但我體認到自己根本不認識這位女政治家，也不曉得她有哪些政績，我需要多多涉獵，才能彌補認知上的不足。

我帶著這本五百多頁的書，走訪了倫敦、巴黎、里斯本等地，搭火車讀，搭飛機也讀，讀過了紅色雙層巴士，讀過了黃色路面電車，讀過了羅浮宮廣場，在倫敦塔橋旁一邊讀、一邊等可頌送過來。每天每天，萊菈看著我腦中的齒輪轉動——讀一段，Google 一下，但她什麼話都沒說。對於政治，萊菈自有看法，但我愛怎麼想，她讓我自己決定。我在葡萄牙波多的高空酒吧讀完整本書，手裡端著一杯桑格利亞水果酒，頭上戴著一頂可怕的草帽，萊菈躺在我身旁的躺椅上，突然，我轉頭看她。

「讀完了。」我說。

「好棒。」

「好厚的書。」

「眞的。」她答。

「資訊好多。」

「就是說啊。」這段奇怪的對話顯然讓她不太自在。

我頓了好長一下，終於想明白了：「萊菈，」我宣告：「我想我不支持共和黨。」

我不確定自己應該要羞愧？還是要鬆一口氣？但萊菈突然放聲大笑，我也跟著大笑起來。

我出國多多少少就是爲了要增廣見聞，我從小到大都生活在泡泡裡，我想多了解自己，也想多了解外面的世界。如果這趟倫敦行就這樣結束，故事就圓滿了。但是，人生的故事往往很複雜，而且難以圓滿。而我這趟倫敦之旅，最後是以進急診室收尾。

「叫救護車。」我告訴萊菈。

再過幾個小時，我們就要飛回美國了，萊菈翻了個身，看了一下時鐘：凌晨四點五十分，她迷迷糊糊回應我，我開始尖叫起來。

「怎麼了？」她緊張地問。

「幹，我超不舒服！」我吼道：「妳看不出來嗎?!」

我們趕到醫院，萊菈幫我辦了住院，我還來不及衝到廁所就吐了滿地，醫護人員幫我量了體溫，很詫異我竟然燒得這麼厲害，連忙讓我入院。護士問我哪裡痛？我指了指左腰。

「還有什麼症狀？」護士問萊菈。

「我不曉得。她一直出汗、狂吐，直嚷著不舒服。」

這時，醫生來了，幫我做了腹部觸診，看了看我的生命徵象，接著說要幫我打嗎啡，這真是好消息，但偏偏沒人找得到我的血管，護士拿著針在我的手臂上戳了十分鐘，接著我聽見有人喊「栓劑」，我正要問栓劑是什麼，卻看見萊菈笑得花枝亂綻，接著就感覺有個東西塞進我的屁眼，整個人瞬間昏昏沉沉，馬上忘記剛才發生的事，但也因爲虛飄飄的，無法理解再來要做什麼事。

「我們送妳們搭救護車去另一間醫院。」醫生說。

「嗯？爲什麼？」萊菈問。

「她需要開刀。她的闌尾要破裂了。我們這邊沒辦法手術。」

「開刀？」萊菈質疑：「不行不行，她今天不能動刀！我們晚上就要飛回美國了。」

「那只好先取消機票了，」醫生說：「救護員準備好幫妳們轉院了。」

接下來幾個鐘頭迷迷糊糊地過去了，究竟說了什麼話、做了什麼事，我都一無所知，嗎啡的作用眞是太強大了，我太高興了。我神智不清的同時，萊菈跟課程老師通了好幾個小時的電話，老師的建議始終如下：留我一個人在醫院就好。

「比起錯過飛機、重買機票，自己飛回來划算多了。」

萊菈聽了很惱火，本著對我的一片忠心，一口回絕了老師的提議：「我不能留她一個人在倫敦，她在這裡誰也不認識，只能孤零零在醫院裡動手術。」萊菈說。

「那就自己想辦法嘍。」老師說。

萊菈再次Google我的症狀，護士準備推我進手術房。

「她在另一間醫院沒有做電腦斷層掃描，」萊菈告訴主治醫生，「有可能是別的病症，對吧？」

說也奇怪，醫生倒也沒有大力反駁，萊菈便要求在開刀前先幫我做斷層掃描。半個鐘頭後，時近傍晚，醫生回來了，代表兩間醫院向我們道歉，說腎結石看起來已經排出來了。

我們在關櫃前十分鐘趕上飛機，醫院開了止痛藥讓我在飛機上吃，在紐約降落時，我感覺像個沒事人一樣。萊菈的媽媽當時恰巧在紐約，她開車來甘迺迪國際機場接我們，我們把這荒謬的一天說給她聽。

「太瘋狂了，」萊菈媽倒抽了一口氣，但接下來卻提了一件我沒想過的事情：「幸好是在英國，想想看，要是在美國，妳可就慘了。」

「什麼意思？」我問。

我在倫敦的急診經驗雖然很恐怖，但若換成在美國，我可就悲劇了：急救、打點滴、做斷層掃描，若是沒有醫保，這些費用足以讓病患破產。早上進醫院的時候，沒有人問我有沒有保保險，事後回想起來眞是謝天謝地，因爲我根本沒有保。

長到這麼大，我總是聽家人爲了全民健保爭得面紅耳赤：「你知道誰需要全民健保嗎？那些寄生蟲啦！想要醫療保健，那就自己賺啊！美國沒有白吃的午餐啦！」

多年以來，我都鸚鵡學舌般附和這套說法。家裡總是教我：醫療保健要靠自己賺。不過，現在想一想：眞的是這樣嗎？如果我緊急送醫，但身上沒帶醫保卡，事情會怎麼樣？他們會讓我入院嗎？就算眞的入院，我能享有同樣的醫療品質嗎？最重要的是，看醫生到底划不划得來？還是乾脆死一死算了？還不用付醫療帳單？

倫敦事件之後，我發誓絕對不能過上沒有醫保的生活，沒想到後來我當了保母，就這麼過上了沒有醫保的生活，因爲家管工作就是這樣，薪酬待遇從來就不含保險。

20　小蕾

「給我！快點！」小蕾大吼一聲，一把將玩具車從睿司手上搶過去，睿司連抗議的機會都沒有。不過，反正睿司也不可能乖乖把手上的東西交出去，所以這題根本無解。睿司快滿兩歲了，正是貓狗嫌的年紀，但是相較之下，即將四歲的小蕾更不受控。我已經帶這兩隻帶了兩個月，每個星期帶五天，每天十一個小時，如果要我幫目前的保母體驗打星星，我的答案是——零顆星。

睿司發出野獸般的吼叫聲，朝著小蕾飛撲過去。睿司很大隻而且很結實，小蕾則瘦得跟竹竿一樣；睿司的食量堪比賽季前的橄欖球員，小蕾的食量如小鳥，但個性好強，每次打架都贏。

洗澡水從浴缸裡灑出來，兩隻還在扭打個不停，但我也懶得閃避，反正都在地獄裡了，不如就溼答答、苦孜孜吧。

「這裡。」我一邊說，一邊遞上一輛風火輪小汽車，跟他們在搶的那輛一模一樣，睿司接了過去，但十秒過後，兩隻就都不玩小汽車了。

「我要大便！」小蕾宣布。

「現在嗎？」我問。

她懶得回答，直接跳出浴缸坐到馬桶上。「喂喂，弟？」

「幹麼，姊？」

「你知道我在大便嗎？」

「什麼？」

「我在大便。」

睿司抬頭看了看，說是沒聽清楚，請小蕾再說一遍。「我說我在大便。」

我請小蕾注意自己說話的口氣。她還學不會好好說話，也不會好好展現家教，尤其心情不美麗的時候，態度特別惡劣。小蕾怕髒，上完不會自己擦屁股，所以我先幫她清乾淨，才讓她回到浴缸。我跟兩隻說再玩兩分鐘，接著開始幫他們拿毛巾，拿到一半，我察覺小蕾臉色有異，我問她還好嗎？她點頭說沒事，但隔了一會兒，她開始大叫我的名字。

「怎麼？」我才問完，她就略略挪動了一下。

浴缸水愈來愈濁，小蕾扮了個鬼臉。「我還以爲只是放屁屁！」

「小蕾大便在浴缸裡！」睿司尖叫，儘管全身上下都是姊姊的大便，他卻笑到停不下來。我在兩套衛浴之間狂奔，拚了命想把兩隻換到乾淨的水裡，幾分鐘之後，姊弟倆坐在另一個浴缸裡，我連忙去清骯髒的浴缸，先把水放掉，再用杯子把大便舀起來扔進垃圾桶，我的紅色美甲黯淡在棕色的浴缸水裡，突然驚覺：此情此景彷彿似曾相識！

「我肚子眞的很痛。」我告訴我媽。

「趕快把包包拿一拿。」我媽說。

時值七月，體育館散發出腳汗臭，其中還摻雜著青春期男生的味道。

我坐到地上換球鞋，我媽跟我說了再見，就把我丟給羅德島大學的籃球夏令營。頭幾個鐘頭的訓練一如往常，只是我跑步嚴重脫隊，而且百投不進。我連續灌了好幾瓶開特力運動飲料（其實根本沒必要），而且動不動就蹲下去「綁」鞋帶，好不容易捱到中午，一下訓馬上打電話要我媽來接我。

「芬妮，妳鬧夠了喔！沒事的。三點見。」她才說完，我就聽見電話「喀」一聲掛上。

吃過午餐，隊輔哥哥姊姊帶我們穿過校園來到游泳池，我的肚子痛到不行，而且滿頭大汗。或許泡一泡水會好一點，我心想。剛下水感覺不錯，雖然很擠，但畢竟是奧運規格的游泳池，所以還是有地方讓我打打水。當天還有其他球類夏令營的小朋友也來游泳，包括網球、橄欖球……等，都是中產階級的壯碩爸爸會希望小孩學的運動。我在淺水區慢慢游，避開那些玩水鬼抓人的同學，游著游著，肚子突然痛得好厲害，痛到我四肢發抖，雖然浸在冰涼的泳池裡，全身卻依然發燙。

我想可能是要放屁吧？所以先游到人少的地方，然後噗了一下，幾顆泡泡飄到水面上，肚子痛大大減輕，我以爲事情到此結束，大大鬆了一口氣，當場水母漂了幾下，然後就看到了！就漂在我旁邊——小小一坨，肯定是我的！

我跳出泳池衝進更衣室，拉稀沿著我的雙腿往下流，等我坐上馬桶，早已拉得到處都是，我滿身大便，地板、廁所也都沾滿了我的屎，絕對是我終生的奇恥大辱。

但此時此刻，小蕾卻笑到眼淚都要流出來了，原來一個人的恥辱竟然是另一個人的快樂。

正想到這裡，小蕾又開始喊我：「芬妮！快！」

縱使沒有觀眾，我還是長嘆了一口氣。整天跟這兩隻關在一起，我終於了解全職媽媽的寂寞。前幾次幫人家帶小孩，身邊總會有其他成年人在，包括我的老闆和管家，很少只有我一個人在家。可是，小蕾和睿司的爸媽一大早就出門上班，直到我要下班了才回來，這樣的日子既辛苦又沒趣，更是寂寞至極，我忍不住想：我媽年輕的時候是不是就過著這種生活？這會不會是全天下媽媽的寫照？不論種族，不分地方，不管社會地位，做母親的總歸是寂寞？

小蕾和睿司也有可愛的時候，而且天眞無邪、惹我憐愛。可是，他們超級好動，而且舉止粗魯，老是愛踩我底線。小蕾是前一個保母帶大的，所以跟我很不親。融入別人的家庭需要時間，而我正卡在最艱難的時刻。

「什麼事？」我問小蕾。

我走進浴室，事情就擺在眼前，用不著多做解釋。我看著睿司——他找到他爸的刮鬍泡，把整間浴室噴得到處都是。兩隻又是一陣大笑，我不曉得該跟著笑還是該嚎啕大哭，但我實在太累，既笑不出來、也哭不出來。

「好了，你們兩個。馬上離開浴缸。」

笑聲忽然停止。小蕾整個人往後一甩。

「不要！」她尖叫。這種翻臉速度，就是三歲小孩最常送給爸媽的禮物。「我才不要聽！聽清楚了嗎，史蒂芬妮？我不聽！」

接下來十分鐘就是小蕾和我的角力。在此之前，我沒有什麼管教小孩的經驗。露比和杭特都是紗夏在管，史蒂芬妮二號採放任教養，我也用不著對狄格比扮黑臉。如今身為全職保母，少了媽媽隊友，只能自己一打二，我遭遇了全新挑戰。

「我討厭妳！妳好凶！」小蕾尖叫。

我說我知道她為什麼會這樣想，但她好像因此更生氣，先是朝我扔襪子，接著芭比娃娃的配件在我的鼻梁上彈了一下，我根本懶得搭理。過去幾個月來，我愈來愈有耐心，而且愈來愈自在，這樣正好，因為想扮演好媽媽的角色，一定要懂得放鬆和有耐心。

「我想妳需要休息一下，深呼吸，去房間靜一靜。」我命令小蕾。

「妳才需要深呼吸，回去妳的房間，史蒂芬妮！」

21 感謝您！J．K．羅琳

我拿著黛凡給我的信用卡帶睿司去剪頭髮。黛凡要我買東西都刷卡就好，她自己身上也很少帶現金，因爲她這張大通銀行藍鑽卡跟我爸媽的信用卡完全不一樣。我爸媽的信用卡只會累積債務，她的藍鑽卡只會累積點數。

今年我媽和我都能申請Credit One的信用卡，但光是開卡費就要兩千二，額度還只有兩萬五。雖然說申請信用卡之前必須先累積信用，但沒有信用卡究竟要怎麼累積信用？黛凡這張卡享有免費機票、現金回饋、預購服務，我那張卡唯一的紅利就是二〇%的循環利率。

這天是星期二下午，我們搭乘M一〇三公車前往睿司的理髮店，店址在萊辛頓大道，店內只有四張理髮椅，看上去舊舊的、小小的，色彩很少，睿司小小的身體在大大的椅子上坐了下來，我開始看牆上的照片，滿牆都是來這裡理髮的大人物，理一次十分鐘，要價一千六，睿司前五分鐘都在大哭，後五分鐘則在看YouTube上的寶寶影片。主播湯姆．布洛考排在下一位，我一把睿司抱上推車，他就接著坐了上去。

理完頭髮，我們去接小蕾放學，一接回家，立刻搭電梯往下十二層樓到兒童遊戲室，遠遠就聽見尖叫和笑鬧聲，遊戲室裡頭彩繪成海底世界，牆上是手繪的魚群和泡泡、微笑的鯊魚、鮮豔的珊瑚，小朋友在裡頭跑來跑去，正中央是一艘黃色潛水艇，大家輪流爬上、滑下。我環顧四周，每個人看起來都很開心，唯獨我家這兩隻例外。

「我要上去。」小蕾命令。

「不行，小蕾，我們才剛下來，玩一下再走。」

「我說我要上去。」

小蕾和我對彼此都有超多怨言，我努力想跟她培養感情，這比我一開始跟杭特打好關係還要難，但要說慘，之前跟狄格比還更慘。比起我，小蕾更喜歡之前的保母，而且總是大剌剌說給我聽。

「如果是梅兒就會讓我上去。」

「我又不是梅兒。」

「對，梅兒好好，妳爛爛爛。」

我試著跟她講道理：這樣說話很苛薄，而且講出來的不是真心話，但她沒興趣聽。遊戲室裡的保母（我大多還不認識）把視線從iPhone螢幕上移開，看看我們在吵什麼，其中一位想出面勸架，但小蕾叫她滾蛋，那位保母就趕緊縮回去了。隨著小蕾的情緒沸騰到了頂點，我的雙頰也愈來愈熱，不管三七二十一，先帶她上樓再說。

私下管不住小孩倒也罷了，在大庭廣眾之下崩潰可就丟臉丟到家。還記得之前在東九十二街的希伯來社區文化中心等電梯，累壞的睿司在推車上尖叫，路人全都轉過頭來看，害我的臉都丟光了，我在心裡讀秒，看數到幾電梯才會來。我很想向所有電梯間裡的人說對不起，無論是餐廳還是商店，在公車上還是在飛機上，只要公共場所有小孩在鬧脾氣，路人心裡有多煩，照顧者就有多羞愧。電梯事件發生當下，有位太太一臉不悅跑來找我。

「不好意思，有辦法讓他不要哭鬧嗎？」

「什麼意思？」我問。

「就不能拿個東西哄他一下嗎？很吵耶，妳不知道嗎？」

我先跟她賠不是，再解釋我實在沒辦法讓兩歲的睿司安靜下來——他在嚷嚷說不要藍色的鞋子，但明明過去三個月他都穿得好好的啊？

「史蒂芬妮，我討厭妳！妳好凶！」小蕾大吼大叫，我們終於回到樓上了。

「妳不是眞心的。」我說，但我很確定她就是這個意思。

接下來幾分鐘感覺像在搭情緒的雲霄飛車，我留她一個人在房間，希望她能暫時冷靜一下，雖然機會渺茫，但並非毫無希望。

我到廚房開冰箱，一邊看晚餐可以煮什麼菜，一邊絞盡腦汁想辦法跟小蕾變熟，所有用在露比和杭特身上的方法我都試過了，但對小蕾都不管用。她是個與眾不同的孩子。比起露比，小蕾更愛撒野也更愛踩線，不僅不怕挑戰權威，而且脾氣暴烈，想跟她打好關係，光是靠耍手段和小聰明是不夠的。

「芬。」睿司叫我。

我瞥了一眼，剛好看見他把一整碗貓食倒在地上。

「我搗亂。」他說。

「我看到了，小朋友。」

家庭用品櫃放在走廊的另一頭，我彎下腰，找找看有沒有廚房紙巾，突然就看到了——厚厚的書脊，塵封的書本——小蕾才三歲，不曉得會不會還太小，但沒辦法，狗急也只能跳牆。睿司又在喊我了，我抓起書本往回走。

晚餐時，我把書本拿上餐桌，小蕾的視線黏到了書封上，一副興致勃勃的模樣，接著問：「那是誰？」

「聽過巫師嗎？」我問她。

小蕾咧著嘴笑開了，我接著說：「聽過活下來的男孩嗎？」

「妳看到小蕾在學校跟同學分享的新聞了嗎？」

我沒看到，黛凡把那張「報紙」舉高給我看，上面用黑色簽字筆大大地寫著小蕾的分享：我們昨天玩哈利波特，史蒂芬妮又扮演佛地魔了！

進入魔法世界之後過了幾個星期，我的生活發生了兩個轉變。第一，我再也不用拜託小蕾要有禮貌、要好好說話，只要說她這樣子根本就是史萊哲林的學生，她就會乖乖聽話了。

「史蒂芬妮！」她嚇得倒抽一口氣：「我是葛來分多的！」

「葛來分多的學生會這樣嗎？」通常只要這樣說，她就會拿出最好的表現，真是讓我又驚又喜。

某天下午，我說晚餐之前不准吃棒棒糖，小蕾就崩潰了，但這次我連吵都不用跟她吵，反正跟她討論她的情緒根本沒用，我放任她躺在實木地板上鬧，自顧自走到家用印表機旁邊，再拿著鄧不利多的名言走回她房間，貼在她面前，然後就走了。哭鬧聲立刻停止，屋子裡鴉雀無聲。

過了幾分鐘，小蕾拿著鄧不利多的名言來廚房，一雙眼睛哭得跟桃子一樣，滿臉好奇地看著我：「上面寫什麼？妳知道我還不會認字。」

「鄧不利多說：『無論再黑暗，只要點盞燈，就能找到快樂。』」

小蕾沒說話。我看見她的眼神掃過整間廚房，然後輕輕咬了咬下唇。我很確定她不懂鄧不利多話裡的意思，但她確實冷靜多了，而且接下來幾天，她把屋子裡所有的燈通通打開。

第二個改變就沒那麼令人興奮了，但稱得上重大轉變。我開始帶這兩隻的頭幾個月，小蕾的前任保母會定期來訪，她會想念小蕾和睿司很正常，睿司對她雖然無動於衷，但她一來，小蕾就會被搞迷糊，我得花上一千倍的力氣才能好好導正。梅兒來一趟不過一個半鐘頭，我卻得花上好幾個小時才能讓小孩恢復正常。

某個晴朗的星期四下午，梅兒傳來訊息：嘿！我在附近，等等順便過去，三點半帶小蕾去吃冰淇淋。我沒有理由拒絕，畢竟這兩隻又不是我生的，我每星期只來五天，每天十二小時，確保他們三餐吃飽、洗澡洗好、有人教、有人疼，而且安全無虞。好啊，我回她，再帶她回來吃晚餐、洗澡就好。

「梅兒買了巧克力冰淇淋給我，而且上面沒有巧克力米，她知道我愛吃這個，」小蕾一進門就跟我報告：「妳懂冰淇淋嗎，史蒂芬妮？」

「懂啊，我很懂冰淇淋。」

「那妳懂我和冰淇淋嗎？」

老實說，我壓根不曉得她這是在問什麼。身爲成熟女性，我覺得自己根本沒必要回答，省得長他人志氣、滅自己威風；但我還是說：「懂啊，我知道妳喜歡吃巧克力冰淇淋。」

她頓了一下，想找些聰明但傷人的話來說：「梅兒比妳更懂。我愛梅兒。」

剛開始接下這份工作的時候，我總是戰戰兢兢，在梅兒的陰影下過了一個星期，我確定梅兒就是我最大的隱憂。她帶小孩的經歷跟我很像，我們的年紀都很輕，而且體力都很好，但她比我更苗條，總是穿著緊身的運動褲，不是因為穿起來跟寬鬆的運動褲一樣舒服，而是因為她真的有在運動。不過，儘管我們有這麼多共通點，但她帶起小孩非常嚴厲。

梅兒是一板一眼的保母，小孩一犯錯立刻懲罰（通常就是一頓臭罵）。我帶小孩從來不罵人，未來也不打算罵，但小蕾已經習慣了這種管教方式，我擔心一時之間很難改變。

試用期間，小蕾只要不聽話，我就會跟她講道理，但只要梅兒也在，她就會直接把小蕾拎到房間，要小蕾面壁思過，如果小蕾吼她，她就吼回去，不得不承認，這樣的管教方式比我的有用多了，但總會讓我想跑開躲起來。

「妳去房間，冷靜了再出來，聽見沒？」梅兒破口大罵。

小蕾不管再脆弱，還是擺出一副倔強的模樣，兩隻眼睛瞪著梅兒，瞪得梅兒繼續罵：「聽見沒？」

「聽見了啦！」

「還不快去！」

每次看到她們這樣說話，我都覺得心神不寧，彷彿瞬間回到童年——回到我那一言不合就大吼大叫的老家。即使只是講話稍微大聲一點，都足以讓我倍感焦慮和壓力，不僅胃裡打結，還會啓動「戰鬥或逃跑」的生理反應。如果問我成長的過程學到什麼，那就是混亂的童年會大大影響人的一生。比起我老家的大吵大鬧，梅兒跟小蕾的對罵頂多只能算是拌嘴，但童年學到的教訓長大後一樣適用——以火攻火無法救火，只會讓屋裡愈燒愈旺。

22 我愛約翰・希南

我二妹沒洗澡、沒吃東西、沒去上學，至今已經三天了——頭髮油膩，衣服沒換，跟星期一穿的是同一套。大學最後一個學期剛結束，我回家沒幾天，立刻察覺有異。

「媽。」我在廚房裡喊。

我媽無精打采地走進來，都已經五月底了，她還穿著鬆垮垮的運動長褲。「幹麼？」

「珍娜沒去上學，整天什麼也不做，就坐在暗處抱著筆電打字，」接著我壓低嗓子，生怕被珍娜聽見，「就連上廁所也帶著電腦。」

「我知道。」我媽嘆了一口氣。

「什麼叫做妳知道？」

我媽拖著腳步去開冰箱，拿出一罐健怡可樂，拉開拉環，一臉疲憊：「我跟妳爸說過了，」她先灌了一大口可樂，接著往下講：「我說：史都，珍娜不肯上學。她已經——我看看——兩個星期沒去學校了。」

「兩個星期？妳都不勸她？」

「勸過了。」

「她非上學不可。這是法律規定的。」

「哎呀，要是學校派訓導員來跟她說，她就會知道上學是一定要上的，我不想再跟她吵了。」說完她又拖著腳步回房間去了。

「好，」我嚷道：「但她整天抱著電腦幹麼？她才十四歲。」

「我哪知道，」我媽喊回來：「妳不會自己查？」

幾個鐘頭後，萊菈出現在我家門口，一隻貓從她腳上掠過——剛剛打架打輸了，皮開肉綻——但萊菈從從容容，早已習慣我們家一大堆棄養的寵物。「怎麼了？」萊菈問。我一五一十說給她聽。「所以妳要檢查她的電腦，看有沒有……？」

「我也不曉得有什麼，」我說：「就……找找看吧。」

客廳傳來衝突聲，我媽和珍娜正在大吵。

萊菈對我家裡互相飆罵向來不知所措，她的心理防衛機制跟我相反，只要覺得受到威脅，萊菈立刻封閉情緒——悲痛的時候說不理人就不理人，吵架的時候也不曾聽她大聲嚷嚷，她處理衝突的方式既令我費解又惹我生氣。在我家，大吵大鬧根本是日常風景，這麼多年來，我一直覺得吵架既興奮又刺激，喧喧嚷嚷表示又有好戲可看，雖然入耳的話語聽著教人緊張，但叫囂聲著實令我熱血沸騰，這些高高低低不僅毒害心靈、摧毀心智，而且最糟糕的是——讓我血脈賁張。

從小到大，我爸媽動不動就大吵，如果是在車子裡吵，鬧翻時不是我媽奪門而出，就是我爸氣到下車，總之就是拿出一副要走回家的氣勢，沒下車的那人只好一邊慢慢開車、一邊把對方叫回來，我和兩個妹妹則在後座狂笑。有一次，我爸憤而揮拳，揍得擋風玻璃都裂了。

我媽正在喊珍娜去洗澡（這樣萊菈和我才有空檔檢查她的筆電）。

「我不要洗澡！」

「珍娜，妳全身發臭！進去用肥皂搓一搓！」

「不要！」

「進去！」

門甩上，掩住了珍娜最後那聲「幹你娘」，接著便響起沖澡的水聲。

萊菈和我把珍娜的筆電擺在廚房餐桌上。「查她最近的瀏覽紀錄。」我指揮道。

「不用，她的分頁都沒關掉。」

我切換頁面，快速看過她的Tumblr貼文、電子郵件、聊天室。「什麼東西？」我嘀咕道。

我大學最後一年，珍娜迷上了ＷＷＥ摔角，我雖然覺得奇怪，但也沒放在心上。

這下我可上心了。

珍娜的Tumblr說自己是妮基・貝拉，和姊姊碧・貝拉合稱「貝拉雙嬌」，在摔角界是家喻戶曉的雙胞胎組合。珍娜/貝拉跟另一位自稱約翰・希南的Tumblr用戶傳了上百則訊息，從內容來看，兩人已經交往、結婚，準備迎接第一個孩子。

過去一個星期，他們分分鐘都在傳訊息。

除了約翰・希南之外，我們發現珍娜還跟另外兩個Tumblr用戶聊天，內容雖然令人不安，但還沒到嚇人的地步，不過就是聊聊天，我一點都不覺得會有什麼危險。珍娜就是個愛幻想的少女，只是比一般國中生難以捉摸罷了。

「她馬上就要出來了，」我告訴萊菈：「點開最後一個頁面。」

萊菈點開了全黑的網頁，一路拉到最後一則貼文——一段求救信。

短短五句話，滿滿的割腕、暴食症、自殺——珍娜坦承最近自戕了幾次，甚至還想自殺，看得我汗毛倒豎。這是真的嗎？還是只是青春期小題大作？我們已經發現一堆珍娜裝模作樣的文字，實在很難分辨這到底是真話還是假話，但感覺確實不太對勁。萊菈和我對看了一下，憂心忡忡。

「媽？」

「幹麼？」她雙眼直盯著電視。

「看一下這個。」我把筆電擺在她面前，她正好轉到塞爾蒂克隊的比賽，現場歡聲雷動，皮爾斯投進一記大三分球。

她瞇起眼睛，視線在那臺老舊的宏碁筆電上來回跳舞。

淋浴的水聲停了。我們家安靜了片刻。

三個鐘頭後，珍娜住進了孩之寶兒童醫院精神病房。

「但她到底有什麼問題？」珍娜住院那天，我媽詢問醫生。

「首先，」醫生溫柔地說：「令嬡相信自己是WWE摔角手。」

醫護人員讓我們跟珍娜道別，其他時間則將她隔離起來，說這是「一般程序」。

困擾珍娜的問題長長一串，暴食症、割腕、自殺念頭只是冰山一角。

珍娜第一次住進精神病房那段期間，萊菈和我常常去探望，出院之後，我還天眞地以爲一切都沒事了。接下來幾年，珍娜的病情不斷演變、惡化，這裡剛有起色，那裡就又病了，中間有幾年的時間，她常常嘔吐，吐到滿口爛牙，又有幾年，她暴飲暴食，超重二十多公斤。珍娜還因爲害怕開車，這輩子從沒考過駕照，加上老是虐待身體，才二十三歲，就有好些器官都切除了。

念高中時，珍娜努力交朋友、顧友情，學業差強人意，課外活動全數缺席。其他高中生翹課就是翹課，珍娜卻不是這樣，她明明對花生過敏，卻把Jif花生醬塗在手臂上，再幫自己注射EpiPen腎上腺素，一個學期就搭了好幾趟救護車，搭到第八趟時，急診室把我爸媽叫過去，醫生解釋說這裡是醫院，需要應付眞正緊急的狀況。

「請告訴令嬡：不要每次想翹掉幾何學，就打電話到急診室找救護員。」醫生哀求。

總之，珍娜最初住院那幾天，診斷結果剛剛出爐，我們全家都很傷心，整整一週都沒人飆罵、辱罵、發脾氣、講髒話，在我記憶中，那是我們家唯一靜謐的時光。

珍娜出院那一天，醫院打電話叫我們去做強制家庭輔導，珍娜和精神科醫生坐在中間，爸媽、外婆、莉荻亞和我圍坐在四周。我爸雖然生長在藥物濫用與精神病氾濫的環境，但恰恰是這樣的環境才會忌談相關的問題。在曼哈頓，接受心理治療表示你有錢、有事業、有概念，而在窮鄉僻壤，接受心理治療只說明了一件事——你瘋了。

整個輔導過程中，我爸不安地扭來扭去，一開口就是滿滿的尷尬，甚至稱得上怯懦，說也奇怪，平常心直口快的人，竟然也有無話可說的時候。

「都是妳的錯！」我媽對著外婆咆哮。

當時外婆住在我們家的地下室，珍娜大半時間都是外婆在陪，至於珍娜生病不生病，跟外婆一點關係都沒有。

「怎麼會是我的錯呢，荷蒲，妳倒是想想看：珍娜爲什麼大半時間都跟我一起待在地下室？因爲妳從來就懶得搭理她。」

「她去地下室說不定是因爲全家只有妳那邊可以取暖，妳自己弄了個壁爐，也不想想我們跟妳借錢修熱水器的時候，妳是怎麼說的？妳根本想把自己的孫女凍死。」

「過去幾年來我借了妳多少錢，妳到底知道嗎？荷蒲？我都救濟妳多少次了。」

外婆怪罪我媽不上心，我媽怪罪外婆太縱容，珍娜則怪罪莉荻亞從小就得寵，我雖然很想知道醫生怪罪誰，但他連一句話都插不上，怪可憐的。

珍娜回家幾天後，U-Haul搬家卡車開進我們家車道。

在我還小的時候，我媽和外婆是親密戰友，如今卻不告而別，我爸跟我媽說不要鬧得那麼難看，外婆爲了她殫精竭慮，怎麼能讓人家默默搬出去。

接下來幾年，每逢我媽生日，外婆都會寄卡片，母親節也會寄禮物，但我媽卻辜負了外婆一番好意。外婆那天下午搬離了我們家，從此沒再跟我媽說上半句話。

23　兩個美國

二〇一六年大半時間，我跟家人的關係坑坑疤疤，一方面是因爲珍娜的心理問題，二方面是我墮胎後餘波蕩漾，加上總統大選在即，我們常常聊一聊就爭吵起來。

「我問妳喔，」投票日前幾週，我回老家過週末，一到家立刻後悔，我老爸問我：「希拉蕊想收容那些非法移民吧？那他們的醫療費誰付？他們的餐費誰要出？」

「我們小時候領的營養補助，你覺得是誰出的錢？」

「史蒂芬妮，我工作累個半死，那些移民又不會做事。」

「誰說他們不會做事。」我回嘴。

「他們又沒繳稅！」

「未必吧。有時候人家明明有繳稅，反而還領不到退稅。」

「唉唷唉唷唉唷，好喔，」他挖苦道：「要戰假新聞是吧？跟妳說啦，要是希拉蕊眞的上了，那些人就得逞了，一輩子都賴在美國不走，美國的中產階級迅速消失，這不正好稱了自由派的意，坑我們美國人的錢養那些非法移民，拯救黑人，救個鬼啦！」

我跟他說遣返移民代價更大，他很不客氣地要我去死，「希拉蕊是人民公敵啦。」

表面上，我可以理解我爸爲什麼會這樣想，就連萊菈都看出希拉蕊的不足。在我朋友圈中，最熱衷政治的就是萊菈，我吃過多少人工防腐劑，她就讀過多少政論文章、聽過多少政論播客。自從讀了《抉擇》，我就成了希拉蕊的鐵粉，從此想法都不一樣了。「別傻了，」萊菈警告我：「希拉蕊的人氣不高。」

隨著投票日愈來愈近，我的臉書上愈來愈壁壘分明。

我的臉書朋友可以分爲兩大陣營：一邊是從小跟我一起長大的鄉下人，一邊是我在大學、在紐約交到的城裡人。我老家的朋友每次發文都在挑釁：清理門戶。白吃禁入。招蕊。我無法理解的是：最能從希拉蕊的政見中受惠的選民，就是我爸跟貼這些激進文字的臉友。這我實在看不懂耶——我跟我紐約的朋友說，但其實我說謊，幾年前的我，完全就是我爸的應聲蟲。

開票當天，萊菈和我邀朋友來家裡作客，我向有名的Magnolia烘焙坊訂了二十四個杯子蛋糕，但送來的卻是大象而不是驢子的，我很擔心這是潛意識作祟，導致我下訂的時候不小心口誤*。

起初大家都嗨到最高點，隨著各州開票結果出爐，共和黨紅色浪潮席捲美國，大家愈來愈意興闌珊，本來應該徹夜狂歡、到賈維茨會議中心跟希拉蕊一起看煙火慶祝，結果還不到午夜，大家都回家了，家裡也熄燈了，我雖然睡不太著，卻沒拿手機起來看，以免看到那些遲早要看到的。隔天早上，我換衣服準備上班，整個人感覺很不舒服。我刷卡進站，坐上地鐵，一路往北進城，車廂裡鴉雀無聲。

我斷斷續續哭了一整天。萊菈知道我無法面對，默默把印著希拉蕊穿褲裝的餅乾全扔掉了。我很難過選舉結果坐實了性別歧視，也很難過我的政治覺醒像在耍白痴，彷彿比賽打到第四局才轉而支持輸家。至於哪一個更令我難過，我可就說不準了。唯一確定的是，大多數美國選民與我的認知相左，我沉溺在自怨自艾之中，我爸卻在大肆慶祝。

那天下午，我爸在家庭群組傳了一條訊息：讓美國再次偉大。

我立刻跟他槓上。

你有三個，不對，是四個女兒，我在群組裡回訊，如今自由世界讓老色鬼當政，你居然還有心情慶祝？你以為他的稅改會讓你的日子更好過嗎？幹，醒醒吧：你又不是富人，減稅也減不到你！投給那種爛人真是噁心，智商低才會跟自己的利益過不去啦。

到了這節骨眼，我爸媽跟我的分歧完全攤在檯面上，我憎恨他們的一切，他們厭惡我的蛻變。在我爸媽眼裡，我這是背骨，不過只是去大城市住了幾年，乳臭未乾，

＊編註：大象和驢子分別代表美國共和黨和民主黨在大眾眼中的形象。

眼睛就長到頭頂上去了，凡事金錢至上，拜金拜到忘了自己的根。而在我眼裡，我爸媽思想封閉，沒知識、沒常識，我只想離他們愈遠愈好。不論是我看他們還是他們看我，總歸是都對也都錯。

我們冷戰了好幾個月，才終於再次聯絡。

感恩節前幾天，我在臉書上滑到一串留言。發文的是我在愛默生的同學，他住在洛杉磯，爸媽都很有錢，資助他進軍電影產業。貼文裡說美國中部鄉巴佬都是白痴，白痴投票誤國啊，我滑看底下的留言，一則又一則，將拉拔我長大的人一概而論，更有好些字眼一再出現：歧視、蠢、弱智、白痴。

我雖然對選舉結果耿耿於懷，但讀到這些留言，還是忍不住怒火中燒。

「他們搞得我們好像白痴一樣，」我想起我爸選舉之前說過的話：「妳那些同黨，全都當我們是笨蛋。雖然不管哪一邊都有壞人，但我們大多只是想用選票支持做對的事，偏偏他們擺高姿態，彷彿我們沒有腦、不配有資格投票。」

我爸投給共和黨的理由或許落伍，但在他看來再合理不過，他比我認識的任何人都更努力工作，好不容易才爬到現在的位置。說實話，我爸沒有歧視誰，我爸既不是笨蛋、也不是壞人，他只是害怕——害怕政府把他手中僅有的端走。他只是跟我一樣，都不清楚政治的遊戲規則罷了。

24　別再生了

黛凡告訴我：梅兒要跟老公搬到費城去了，我眞是高興到眼淚都要流下來。小蕾跟梅兒愈少見面，就愈不會拿我跟梅兒比較，一切都可以重新來過，我趕緊趁機打掉重練。比起梅兒，我的規矩沒那麼多，討價還價的空間比較大，而且控制欲也沒那麼強，日子一天一天過去，小蕾的笑聲愈來愈多，尖叫聲愈來愈少，表現出孩子該有的喜怒哀樂，雖然還是三心二意，但好像愈來愈喜歡我陪她。不過，我的保母之路似乎走三步、退兩步，很快黛凡就向我宣布懷孕的消息，我知道這是喜事，但卻用盡洪荒之力才沒有說出心聲：「恭喜恭喜！萬事如意！我先走一步！」

「史蒂芬妮！妳快猜！」某天早上，我外套都還來不及脫，小蕾就來找我說話。

「什麼？」

「猜猜看我四歲生日派對的主題是什麼？」聽完我又問：「什麼？」

「是哈利波特！」她尖叫，我還來不及恭喜她，她就拿出魔杖，對著我使出索命咒——啊哇呾喀呾啦！

「芬妮，魔蘋果區要用的泥土放在哪裡，妳知道嗎？」黛凡問。

「那箱愛情靈藥下面找過了嗎？」

「還沒。我找找看。」

過去幾個星期，黛凡和我不眠不休籌備小蕾的生日派對，一點細節都不放過，我對魔法世界瞭若指掌，卻從沒想過這項專業竟然能派上用場。黛凡租了樓下的兒童遊戲室，找了Pinkberry來承包甜點，還幫每一位小客人準備了禮物袋，裡面裝著《哈利波特》第一集，不過，「飼養奇獸」這個派對活動是我的點子，玩法也由我來解釋，而且我還想了個辦法，讓鷹馬「巴嘴」一起慶生。

「妳有男朋友嗎？」某天早上，我們正在拆封派對用品，黛凡突然問了這麼一句。

我說我有約會對象。前一天晚上，艾力克斯和我到雀兒喜碼頭打高爾夫球，我們已經曖昧了好幾個月，他雖然不高，但有著英國人常見的風趣詼諧。我告訴黛凡關於艾力克斯的事，還有我們每週約會的墨西哥餐廳，但也有說就只是紐約常見的輕鬆約會。

「妳覺得會在一起嗎？」

「不曉得耶。我是戀愛苦手，」我笑道，接著又補上一句：「但他是很棒的對象，我現在很幸福。」

「下次你們來上城區，跟我說一聲，」黛凡說：「我跟他碰個面。」

我以爲她只是說說而已，倒也沒放在心上。不過，籌備小蕾的麻瓜派對，讓黛凡和我有機會培養感情，稍微深交之後才發現，原來我們的共通點還不少，或許是因爲我們的年齡相近，又或許是因爲她都在上班、沒時間泡在上東區貴婦圈的緣故。黛凡隨時都想來一杯馬丁尼，一碰到地獄哏就笑得超大聲（這些哏通常都是她提供的），而且老是幻想晚上可以瞬移到沒有小孩的所在。

久而久之，我了解到黛凡之所以想跟我交朋友，既不是因爲我們年齡相近，也不是因爲我們興趣相仿。身爲三十多歲的職業婦女，黛凡每週上班八十個鐘頭，就算想找朋友聊聊天，一來沒有時間，二來沒有機會，每天就是寫不完的訴訟摘要，空檔時間都在切花生果醬三明治，跟我交心讓黛凡瞥見當媽媽之後失去的——逃離母職的自由。

黛凡雖然很愛孩子，但從不害怕談論當媽媽的難處，也不害怕說出當媽媽好辛苦：「我老公跟我的工作一模一樣，我們的資格相當、教育背景相同，我們在職場上旗鼓相當，但說到育兒，大部分的工作都落在我頭上。」我點頭贊同，因爲黛凡說的是實話，每一個我帶孩子的日子，都可以看到相同的劇情在不同的家庭上演。

不論是幫全職媽媽帶小孩，還是幫職場媽媽帶小孩，育兒責任分工不均家家都有，但不均得很不一樣。我知道紗夏的老公完全不曉得足球課的報名截止日期是哪一天，也知道史蒂芬妮二號的老公從來沒幫兒子洗過澡，儘管這樣很不公平，但至少還有些道理。紗夏和史蒂芬妮是全職媽媽，整天足不出戶，照顧小孩、操持家務就是她們的工作，她們的先生早出晚歸，我到班時已經出門，我下班時還沒進門，所以我幾乎連面都沒見過。

從小到大，我爸媽對於爲人父母的責任，兩人承擔的比例相當懸殊。某個週末，我媽要我爸清理浴缸，我爸說：「才不要。妳兼職兼假的喔？」以前我總覺得我爸說得眞對，現在我可不這麼想了。但小時候我應該認爲我爸才有理吧？要把家顧好，事情肯定沒完沒了，家管工作一週要上班七天，每天上班二十四個小時，我爸媽分居的那段期間，所有工作都得我媽一個人扛。在黛凡和希奧的家，我親眼見到黛凡在職場上跟我知道的所有紐約爸爸一樣拚——甚至更拚，倫敦的案子她也願意接，一連六天將人證、物證準備齊全，再搭紅眼班機回家，一進門，希奧先歡迎她，接著問：「欸，美乃滋是不是沒了？我想做火雞肉三明治。大寶、二寶應該也都餓了。」

類似這樣的對話層出不窮，其中最不可思議的是：希奧雖然從來不覺得爲家人準備午餐是黛凡的工作，但也從來沒想過準備午餐也是他份內的工作。按理來說，黛凡的生活是許多人心中的美國夢。但如果眞的是這樣，這夢未免也太慘了吧？

「史蒂芬妮！幫我拿光輪兩千！魁地奇世界盃要開打了！」小蕾呼喚我，其他小賓客穿著紅色圍裙，希奧則努力遙控金探子，讓金探子到處飛。

小蕾生日當天，我提早到班，將精心包裝的飛天掃帚擺在門口，門鈴一響，我立刻躲起來，但還是可以聽見黛凡朗讀我附在禮物上的卡片：「給小蕾，謝謝妳成爲哈利波特迷。生日快樂！愛妳的佛地魔。」

「這裡，」我一邊說，一邊把光輪兩千和搏格鐵球遞給小蕾。

「謝謝，」說著她轉頭看她最好的朋友凱洛琳：「這是生日禮物。黑魔王佛地魔送給我的唷。」

黛凡和我對看了一眼，小蕾這麼熱情眞是太好玩了。魁地奇比賽一開打，我立刻鬆了一口氣，之前也有過同樣的感覺，知道自己已經達到里程碑，最困難的已經過去，我解開了一個又一個的結，成功融入新的家庭。我已經打下感情基礎，不僅與大寶、二寶打好關係，也與媽媽打好關係，接下來就是跟整個家族打好關係。這麼深入別人的家庭，當然會伴隨相應的困擾，但在小蕾生日的這一天，我只想好好高興一下——終於跨過第一道門檻了。

接下來九個月，兩隻跟我形成一套相處模式，每天不再突發狀況連連，我摸透了他們的脾氣，他們也跟我愈混愈熟——甚至可能有一點過熟。對於黛凡來說，我是通往外面世界的出口。她跟先生從大學就開始交往，婚後生活就在工作和育兒之間無限循環，我尋歡作樂的週末生活似乎為她帶來了朝氣，她常常一邊跟我說最近又打了哪些千萬官司，一邊消毒新到貨的兒童學習杯，我則告訴她我在西村發生的一夜情。有一次，籌備小蕾的生日派對到一半，我甚至跟黛凡提起萊菈，我偶爾還是會上ＩＧ看看她的近況。

「妳知道我每次看《哈利波特》電影，心裡都在想什麼嗎？」黛凡問。「我在想擁有像榮恩和妙麗這樣的朋友——友誼深厚到願意為對方赴死，妳能想像這種事嗎？」

我扯謊說沒辦法，但幾分鐘後還是從實招來。

「其實也不是沒辦法，」我說：「我有過這樣的朋友——曾經有過，但後來鬧翻了，當時我剛墮完胎，很氣她沒在我低潮的時候拉我一把，但她也有自己的難關要過，能幫我的力氣有限，到後來我們什麼都能吵，最後不歡而散。我有心事瞞著沒跟她說，當時實在太生氣，氣到連表示懊悔的機會都沒有。」

「妳想念跟她當朋友的日子嗎？」

天天想，分分秒秒都在想，我心想。

黛凡問我們多久沒聯絡了。

「不曉得。一年半吧？」我說。

「喔，那還不算太久，」她告訴我：「多的是時間。」

「可能吧。」我在心裡打了個問號。

「對了，我們要不要開車回我娘家拿睿司穿過的寶寶衣？星期五方便嗎？」黛凡的孕婦裝快藏不住孕肚了，我這才想起她肚子裡的寶寶好大了。「方便，我們下午去吧。」我嘴巴上這麼說，內心卻希望黛凡把這事給忘了。

我對寶寶衣毫無感覺。以前一想到寶寶，情緒就會一湧而上，現在完全不會了。我早就看清，知道小寶寶有多麻煩、多折磨，所以一點也不期待。

在當保母之前，我常幻想要生三、四個小孩，現在我的心情跟我爸迎接第四胎的時候一模一樣——多一個孩子就是多一張嘴吃飯。

25　奶媽來了

紗夏生第三胎的時候，整整四天沒消沒息，第五天才終於見到她，至於好好看看寶寶，那又是更多天之後的事了。黛凡催生的那天早上，她在病床上傳簡訊給我。

我叫小金幫我打無痛。打好打滿。

小金是黛凡的婦產科醫生。上個星期，黛凡傳了ＤＪ卡利的ＩＧ貼文給我——小金醫生跟ＤＪ卡利擊掌，恭喜ＤＪ卡利喜獲麟兒。今天小金醫生接生完之後只能跟希奧擊掌，比起ＤＪ卡利，小金醫生應該會覺得意興闌珊吧。

打好打滿太棒了。要不要外帶？嗎啡應該還有剩吧？包一些回來？我回她。

真的，超想外帶，但又不想被檢舉，等一下兒福聯盟來查。

泰德出生才兩小時，我就帶小蕾和睿司趕到醫院看弟弟。黛凡的爸媽在候診室跟我來了個大擁抱，婆家和娘家一同歡慶，黛凡的弟弟還用Nikon D3500全程攝影。「芬妮，要不要一起進來？」某位阿姨（或是姑姑）牽著兩隻去找媽媽，順口問了我一句。

「喔，不用了，沒關係。」我說。

黛凡和我雖然很親，但她五臟六腑都還沒歸位，還是先等一等再碰面吧，我一個人待在候診室，反而樂得輕鬆，背往後一靠，翻開過期的《時人》雜誌，才讀到「《胖妞羅珊》重播喊卡」，希奧的媽媽就跑來了。

「芬妮，」奶奶說：「一起進去。」

「哎呀，不用啦，眞的沒關係，」我說，但奶奶是個一板一眼的嚴肅老太太，可沒那麼好說話。我又看了一眼《胖妞羅珊》停播的報導，心想：這是我爸媽最愛看的影集，說停就停，他們該有多失望。我一邊想，一邊心不甘情不願起身，跟著奶奶走進黛凡的病房，然後再次陷入尷尬的境地——黛凡的病床邊緣。身爲局外人，拿人家的薪水，又見證人家親密的時刻，我整天都覺得渾身不自在。

幾天後，泰德出院了，家裡早已做好準備，嬰兒房裝潢好、消毒好、整理好，牆壁上漆著灰色點點，溫柔守候著牆角的Pottery Barn嬰兒床，床上鋪著Bloomingdale的寶寶毯，床單上繡著泰德的名字「Tate」。那天早上，我拉開遮光窗簾，坐在搖椅上環顧整間嬰兒房：泰德才兩天大，就坐擁百萬窗景——從二十六樓眺望整個曼哈頓的天際線。

「嗨，我是史蒂芬妮，很高興認識妳。」我跟剛進門的愛詩德打招呼，她是泰德的保母。

「好，這位是保母史蒂芬妮。」她一邊說，一邊匆匆在筆記本上狂寫一陣。

愛詩德年紀很大了，大約六十歲左右（說她六十歲已經算是客氣了）。她往前站了一步，我看見她額頭上的皺紋和眼睛下的眼袋。她說她老家在千里達，不當奶媽的時候住在布魯克林，曾經帶過四十多位新生兒。我一聽到「四十」這個數字，心就揪了一下，想來她每隔幾個月就要住進不同陌生人的家裡，作為奶媽，她一週上班七天、每天二十四個小時，不眠不休照顧小寶寶，跟小寶寶一起吃、一起睡，醒著的時間都黏在一塊，自然而然會對小寶寶產生感情，可是，一旦小寶寶可以睡過夜，人家就不需要她了，整個過程又得重新來過。

「所以我三個月的工作結束之後，小蕾、睿司、泰德就交由史蒂芬妮來帶？」

愛詩德直接詢問黛凡，彷彿當我是空氣。

「我再過三個月就想重返職場，簡單來說是給史蒂芬妮帶沒錯，如果沒意外的話。」

愛詩德又匆匆寫了一堆字，一邊寫一邊嘖，但倒沒再多說什麼。她又轉過頭來好好打量了我一番：「史蒂芬妮，妳多大了？」

「二十七歲。」我說。

「妳是娃娃臉。二十七歲已經比我料想的好太多了，」她嘆了一口氣，說：「好，接下來幾個月，有些事情我們要先說好。第一，我不是親密派的，不贊成整天抱著寶寶，如果一直抱，寶寶就會習慣要人抱，不能讓寶寶養成這種習慣，懂嗎？」

黛凡說百分之百贊成，接著跟愛詩德一起轉過頭來看我，我從沒分析過抱寶寶的得失利弊，只能同意愛詩德的育兒哲學。隔壁房間傳來小蕾和睿司的吵架聲，吵的是魔法寵物蛋，我裝出非去看看不可的模樣，但黛凡太懂我，知道我怕生，便對我彈了彈手指，示意我坐好少廢話。

「還有，寶寶的作息一定要規律，每天同一時間餵奶、午睡、趴玩，不准有任何偏差，要是干擾了作息，我可是會生氣的。再來，關於我個人的時間表，每天下午一點到四點是我的休息時間，總共三個小時，早上要留時間讓我沖澡，晚餐我不喜歡太晚吃，每天最晚六點鐘我的外送一定要送到。可以嗎？」

我瞥了黛凡一眼——這位三十六歲的女律師，拚死拚活想找人合夥，相較於男律師，她必須付出雙倍努力才有可能成功，我曾經聽到她在大案子開庭之前幾個鐘頭跟菜鳥律師通電話，偶爾也被她的颱風尾掃到過，曉得平常都是她在發號施令，雖然她會以退爲進，但仍不改強勢，我以爲她一定會叫這個囂張的奶媽搞清楚狀況。

但，不曉得是賀爾蒙作祟，還是因爲愛詩德大她三十歲，黛凡竟然只點了點頭。

「可以就好，」愛詩德面露微笑，說：「來，我今天晚上睡哪裡？」

「喔，有個小問題，折疊床還沒送到，」黛凡說著，指了指嬰兒房角落某個折起來的東西：「不過我們有充氣床墊，可以先撐一下，我在想充氣完之後是不是就先擺在嬰兒床旁邊？」

長長的沉默，愛詩德好不容易才鬆開那深鎖的眉頭。「充氣床墊恐怕不行，折疊床不馬上送來，我沒辦法好好睡覺。」

「是是是，沒錯沒錯，這樣吧？我看能不能請他們送快一點。」

「好，催一下就對了，」愛詩德說：「喔！黛凡？」

黛凡馬上探頭回來：「怎麼？」

「催完之後就可以訂我的晚餐了。」

我盯著這位奶媽，內心震驚不已。我在曼哈頓的有錢人家裡工作了五年，從沒見過那麼霸氣的員工。愛詩德根本不把僱主放在眼裡，更重要的是，她對這些有錢人絲毫不感興趣，跟我之前看過的幫傭完全相反，愛詩德的字典裡沒有「服從」兩個字，真要我說的話，她甚至瞧不起這些僱主。

以前我多多少少覺得：能進到富豪家裡是莫大的殊榮，我的僱主也常常給我這樣的印象，唯獨愛詩德擺出一副來富豪家裡施恩的模樣。

「所以，」星期五早上，我一進門，黛凡就問：「妳喜歡嗎？」

我的頭鈍鈍的，昨天晚上跟朋友看完百老匯，到時代廣場喝了幾杯雞尾酒。他還嘲弄說，可以去的地方那麼多，一定要去時代廣場嗎？

雖然紐約人大多認爲時代廣場是騙觀光客的地方，既髒亂又吸金，一大堆人穿著《芝麻街》的艾蒙布偶裝，還有些人打著赤膊、揹著吉他，但我就是喜歡時代廣場——五光十色，清眞小吃的香氣從路邊餐車往四處飄散，每到週末，時代廣場就是種族大熔爐，薈萃著紐約的精華。

「比我想像的還喜歡。」黛凡和希奧給了我兩張座位在正中央的票，讓我們去看熱門的百老匯音樂劇《漢米爾頓》，我雖然很興奮，但我看過的音樂劇只有普羅維敦斯三一劇院搬演的《小氣財神》——我只能說很不怎麼樣。

「你們那場的反派波爾帥不帥？」黛凡激動地問：「我們那一晚的超級帥！」

「啥！我們的超普耶！」

黛凡和我暑假時巧遇了林－曼努爾．米蘭達＊。當時我帶著睿司在馬廄外面等，黛凡帶小蕾進去，那馬廄超美，美到可以登上雜誌，小蕾來這裡參加漢普頓頂級的馬術訓練營，爲期一週，其實就是騎騎小馬，但比外面貴上六倍。一頭驢子從我們身旁

＊編註：Lin-Manuel Miranda（1980-），身兼詞曲創作家、歌手、演員、劇作家、製片與導演，百老匯知名音樂劇《紐約高地》及《漢米爾頓》皆由他創作、主演，作品叫好叫座。

悠悠走過，睿司伸手一指。

「狗狗……大大。」

「不是狗，阿呆，是驢子。」

「哇！」睿司咯咯笑著，接著又嚴肅起來：「他開心嗎？」

我看看那頭驢子。他開心嗎？不確定耶，但看起來心滿意足——這樣不就夠了？

「芬妮！」黛凡用氣音大聲說：「史蒂芬妮！快來快來。」

「怎麼？」

「再過兩秒鐘，林就要從馬廄門口出來了。」

「誰？」

「林－曼努爾！」

她把手機塞到我面前，螢幕上是林－曼努爾的近照，我當時沒聽過這位劇作家，對於目擊這位名人興趣缺缺，我們一下說他會來、一下說他不會來，就在這時，有個神似照片上的人物從馬廄走出來，黛凡跟我直挺挺地站著，嘴巴的拉鍊拉上，眼睛睜得好大，他離我們超級近，就站在馬廄的窗戶邊，他往裡頭看了看，接著表演了一段精采的詭異舞蹈，不知是要給馬廄裡的誰看。黛凡和我互相點了點頭，就是他！但我還是不曉得林到底是誰。後來，我跟爸媽說我看到林了，「寫《漢米爾頓》的那個。」

「寫什麼汗毛？」我爸問。

我媽也跑來插嘴，問林跟ＮＢＡ的理察．漢米爾頓是不是親戚？我也懶得說了，我自己都不曉得的名人，又怎麼能指望我爸媽認識？

但我在曼哈頓的朋友，每一個都瘋搶過《漢米爾頓》的票。

馬術訓練營的那個星期，黛凡天天都問小蕾跟誰玩在一起。

小蕾的回答從來就不是林的兒子（叫柏帝），但黛凡還是不斷明示暗示：「喔！哇！安妮聽起來很不錯喔，不過，小蕾，要不要找柏帝一起玩？他感覺很有趣耶！哎呀不曉得耶，營隊結束之後，要不要邀柏帝來家裡同樂會？」

「不用，謝謝。」小蕾說。

我跟黛凡說我看劇看到一半發生了一件尷尬的事，非得跟她說一說，她做了一下心理準備，我才繼續往下講：「老實說，我很喜歡，但中間……」

「中場。」她糾正我。

「好，中場休息的時候，我不得不去洗手間Google一下，確認亞歷山大．漢米爾頓是不是眞有其人*。」

---

*編註：漢米爾頓（Alexander Hamilton, 1757-1804）是美國開國元勛、經濟學家、軍人、政治哲學家，以及美國憲法起草人之一，與富蘭克林、華盛頓等人共同被稱為美國建國國父，在音樂劇《漢米爾頓》中由林－曼努爾．米蘭達飾演。

黛凡愣了好久，眼神空洞地看著我，不曉得該說什麼。

黛凡出門運動，小蕾上學去了，屋裡剩下我、睿司和愛詩德。愛詩德礙著我的地方（除了對我沒啥好感之外）在於她整天待在家，一方面照顧小寶寶是她的工作，二方面時序剛進入十二月，紐約街頭人滿爲患，流感病毒滿天飛，滿街都是觀光客來慶祝聖誕節，不適合老人家和小寶寶出門，所以愛詩德和泰德天天待在家。愛詩德常常在公共空間活動，滑iPad、泡牛奶、吃鮪魚三明治（而且常常一次就吃兩個），對我來說，我們實在挨得太近了，所以我派了個任務給自己——盡量多帶兩隻大的出門。

「走嘍，睿司，我們去小艾索家玩。」

睿司有兩個朋友都叫艾索，一個大艾索、一個小艾索，小艾索住在對街，過個馬路就到了，很方便。小蕾白天在幼稚園上課，睿司和小艾索就玩大車車、小車車，扮演《睡衣小英雄》，玩累了就來討小金魚餅乾，少說討個兩回，多則討個二十二回。

小艾索的保母叫米娜，今年三十四歲，除了年齡相近之外，我們沒有任何共通點，但依然相處融洽，稱得上是朋友了。

「艾索媽早上對我很不高興。」米娜苦笑道。

「怎麼這樣？」雖然早就知道原因，但我還是問了一句：「妳又遲到啦？」

「才十分鐘。起床真的好難！」

米娜的老家在西藏，篤信佛教，我有多愛睿司，她就有多愛艾索。她工作雖然認眞，但才剛從陪玩姊姊轉正爲全職保母，還在努力調適。「如果只有我和艾索，艾索都很乖，但只要一見到媽咪，就會『鼻要米娜。我鼻要米娜。米娜，我鼻要跟妳說話』。」

聽到別人家的小孩也對保母這麼壞，我感到莫名的欣慰，這樣雖然有點過分，但我其實很同情米娜的遭遇。「幫全職媽媽帶小孩很辛苦。」說這句話時，我心裡想的是史蒂芬妮二號（不是紗夏喔），不過，儘管紗夏很隨和，但只要她在，我的工作難度立刻上升，小孩如果可以選擇要誰陪，十之八九會選擇媽媽。「艾索媽要妳幹麼？」我問：「她又沒在上班？」

「喔，對，但她超忙的，要去Equinox上皮拉提斯，還要跟其他媽媽吃午餐，下星期要跟閨密去巴黎，住幾天就回來，說是很喜歡那裡的麵包。」

她一邊說，我一邊點頭。「艾索這樣對妳，艾索媽做何反應？有沒有說什麼？」

「她人超好。她說：『艾索，你才沒有不要米娜，怎麼可以這樣跟米娜說話？跟米娜道歉。』」米娜聳聳肩，說：「但妳知道小孩就是這樣，反正都很難搞。」

「喔，對呀。」我嘆了口氣。

玩到中午，睿司跑來打開我幫他準備的午餐，兩個小男生每天十一點四十五分準時開動，而且菜色天天都一樣：睿司先吃火雞肉片，再吃優格，再一罐優格，然後是一袋蔬菜脆片、兩根起司條（切成小章魚形狀）；艾索的午餐是兩顆水煮蛋和花生醬滿福堡。哥倆好的午餐永遠一模一樣。

「米娜，可以請Alexa播一首歌嗎？」小艾索問。

「沒問題，小朋友，」說完米娜就叫Alexa播了小艾索的愛歌。「他超愛這首，」米娜對我說：「他爸每次都播這首給他聽。」

我隱隱約約記得這旋律，最近才第一次聽到——《漢米爾頓》的第三支曲目〈My Shot〉。

愛詩德已經帶泰德滿三個月了，她在黛凡家住了十四週——比預期多帶了兩週，因爲馬上就要到下一家去，所以不得不離開。

「我中間需要休息一下。工作這麼累，不玩一下不行。」她對我說。

不過，她也說會利用空檔去面試六個月後的工作。

「妳都怎麼找到這些工作的？」我問。

「喔，剛開始很難，但後來都靠口碑。我幫人家帶了寶寶，人家有朋友，朋友有姊姊，姊姊有鄰居，這些朋友、姊姊、鄰居都生了寶寶，所以我用不著去找人家，人家自然會來找我。」

這倒是實話。黛凡面試愛詩德的時候，已經聽了一籮筐關於愛詩德的好話，兩個人都沒多說什麼，既沒有講價，也沒有冗長的試用期，黛凡要定了愛詩德，或許就是因爲這樣，愛詩德才敢拿翹。

「妳帶過最酷的是哪一家人？」我問。

只要碰到像愛詩德這樣經驗豐富的前輩，我就愛問這一題，超想知道前輩們看過哪些電影明星？幫哪些政治人物準備過三餐？儘管過去幾年來，曼哈頓有錢人的浮華翩翩已經於我如浮雲，但還是對名人家常痴迷不已，或許是因爲名人八卦向來是聊天的熱門談資（在我的紐約朋友圈尤其如此），而保母們又特別愛嚼舌根，唯獨愛詩德例外。

「寶寶就是寶寶。都差不多。」她聳聳肩。

「不是不是，我說的不是寶寶。我是說家長。妳最興奮幫哪個家長帶小孩？」

她又聳聳肩。「都差不多。」

接下來幾天，我納悶愛詩德是不是沒幫什麼名流權貴帶過小孩？她當了這麼多年奶媽、住過那麼多豪宅，說不定僱主都只是一些路人。又過了幾天，我正在用包巾把四個月大的泰德包起來，愛詩德離開了，留我一個人應付這個哇哇大哭的愛哭包，黛凡開玩笑道：「妳一定很想念愛詩德吧？」

泰德的哭聲宏亮，我根本聽不清楚黛凡說什麼，只隨便回了「對對對」。

「哎，她大概不會想念我們吧，」黛凡笑道：「她一定覺得我們這邊跟豬圈一樣，那個主持人凡娜·懷特的豪宅她都住過兩次了，對吧？」

我用奶嘴塞住泰德的嘴，心裡暗暗吃驚：愛詩德眞的很有事耶！

過去幾個月來，我一直興味盎然地觀察她——她自信、率眞、自尊自重、界線分明，毅然決然要人家放尊重、別踩線。剛開始，我以爲她之所以那麼目中無人，不過就是那句老話——賤人就是矯情。但觀察了幾個星期之後，我確定愛詩德不是潑婦，她只是在這浮華世界找到了自己的位置，而我則還沒找到罷了。愛詩德或許受僱於人，但並不自覺低人一等，因此，人家也對她一視同仁。

26 神奇王國

迪士尼樂園的四季飯店有Spa、成人泳池、高空夜景餐廳，有紀念品店（但賣鑽石），有冰淇淋店（但只賣義式冰淇淋），整間飯店放眼望去都是玫瑰白、百合白、象牙白、各種白。怎麼到處都這麼白呢？

飯店漂亮歸漂亮，但未必親子友善，我幫超級富豪帶孩子去了好多地方，好像都是這樣。

飯店雖然位在迪士尼樂園，但抵達的第一天下午，我只看到一樣勉強跟迪士尼有關的東西——一株好小好小、一枝獨秀、修剪成小老鼠的小樹。

黛凡和希奧當初狂推銷我一起來，說可以在迪士尼樂園好好玩幾天，但迪士尼我早就去過了，再說，一想到要跟兩隻小朋友、一隻嬰兒和一大家子一起玩，我實在提不起什麼勁。沒錯，我可以入住四季飯店每晚兩萬五的房型，但跟我同房的是清鼻屎還得用吸鼻器的室友。

「嘿嘿嘿！各位大朋友、小朋友，先去哪裡玩好呢？」黛凡的弟弟問。他叫阿洛，住在洛杉磯，個性很像沒受過訓練的小狗。在小蕾和睿司的眼裡，阿洛是全世界最棒的舅舅，話是這麼說沒錯，但阿洛常常太活潑，逗得兩隻太激動，讓大人頭痛不已。

「要不要先吃午餐？已經兩點了。」希奧提議，但黛凡的爸媽立刻插嘴。

「吼唷，我們剛剛去看過游泳池，有夠漂亮說，還有漂漂河。誰要玩漂漂河？睿司想去？走啊！大家一起去？」黛凡爸爸問。

「呀比！」兩隻小的齊聲歡呼。

「大家，我想小朋友需要先吃點東西……」希奧想拉回正題，但沒人愛聽。黛凡媽媽掏出iPhone，忙著拍飯店大廳、拍一家大小，東拍西拍、拍個不停。

「小蕾！睿司！」外公一邊喊，一邊朝著鏡頭揮手：「跟婆婆說嗨！」黛希和希奧互相使了個眼色，正好被我撞見。

「好好好，這樣吧，鹹水池邊有賣簡餐，我們先回房間換衣服，三十分鐘之後在大廳集合？」黛凡說，大家乖乖點頭。「還有，媽，把手機收起來，看到值得拍的再拍，飯店報到櫃檯的影片有什麼好珍藏的。」

外婆笨手笨腳將手機收進口袋，不久又拿出來，搶拍小孫子午餐吃的雞柳條。

第二天上午十一點，我們終於抵達哈利波特魔法世界的大門，明明九點鐘就離開飯店了，中間搭Uber也才搭二十分鐘，但我們一行十一人形形色色，老的太老、小的太小，都沒辦法自己走，爺爺、奶奶、外公、外婆膝蓋不好，寶寶膝蓋很好但沒有用，帶他出門還得大包小包，裡頭裝滿奶粉、尿布、小玩具、金魚餅乾、備用衣褲。我們幫長輩租了電動代步車，幫兩隻小的租了雙寶推車，好不容易排到第一項遊樂設施，大家都比小寶寶還難搞了。

「他身高夠嗎？」

大人讓睿司站在身高尺前面，看他能不能玩「哈利波特禁忌之旅」，但睿司顯然太矮，就連小蕾的身高都不夠，但小蕾已經期待了好幾個月，才差兩公分半，黛凡說什麼也要偷偷帶上她，睿司哭得聲嘶力竭、歇斯底里，眼看著全家人都去找位子坐了，自己卻被丟包在「親友等候區」，陪在身邊的只有我和小寶寶，等到大家都搭回來了，希奧帶他去奧利凡德的商店挑魔杖，最後選了跟榮恩同款的。

「欸，芬妮，妳知道怎麼樣嗎？」小蕾拉了拉我的褲管。

我好聲好氣地「噓」了一聲，免得她吵醒小寶寶，我用BabyBjörn的嬰兒揹帶將三寶揹在胸前，三寶睡得又香又甜，我一手幫寶寶遮陽，一手揩著脖子上滑落的汗水，奧蘭多今天氣溫高達三十度，再加上身上這隻圓滾滾，體感溫度瞬間飆到三十三度。

「怎麼樣？」我問。

「催狂魔從半空中飛出來，飛到我頭上，我啊啊啊啊！可是芬妮，催狂魔是幹麼的？」

「催狂魔能吸走你靈魂中的幸福和快樂。」就跟這趟旅行一樣，我心想。

正想著，就看到希奧的媽和黛凡的爸陷入窘境，正在討論要怎麼輪流坐一部電動代步車，我不曉得他們幹麼不乾脆租兩部就好？錢顯然不是問題，輪流搭一部是哪招？不管怎麼說，家人摩擦難免，但這麼近距離觀看還是很尷尬，尤其人家跟你非親非故。

「哎呀，幸好哈利及時出現。哈利總是會拯救大家，對不對，芬妮？」

我很想回答不對，哈利根本是智障，要說誰是眞英雄，鄧不利多、石內卜甚至妙麗我都還比較看得上眼，但我憋著沒說，反而點頭贊成。小蕾問什麼時候可以去「暗暗的地方」。

「這個嗎……斜角巷在另一個園區，要搭霍格華茲特快車過去。」

我們才在環球影城待了兩個鐘頭，一行人就已經四分五裂了。兩隻小的生氣排隊排那麼久、天氣那麼熱，長輩的心情也沒好到哪裡去，小寶寶也已經醒了，我需要買一罐水來泡牛奶。黛凡快速評估了一下，決定搭霍格華茲特快車到園區另一頭，「我不曉得他們還能撐多久。」黛凡說，而且還眞的讓她說中了。下午一點半，大家已經對環球影城徹底幻滅，黛凡下令該回飯店了。

爸媽出得起錢帶我們來迪士尼樂園時，我已經高中畢業了，在此之前，我們全家從來不懂什麼叫渡假。

我媽躲在莉荻亞的臂彎。「看，哪來的白痴。」我爸嘆氣道。

飛機穩穩爬升，但我媽依然東躲西藏，彷彿自己是珍珠港的飛行員一樣。

「她上飛機之前沒吃鎮靜劑嗎？」

「她不肯吃，」珍娜說：「她說怕會胃痛。」

「她是怕卡路里太高吧。」不知道是誰竊笑道，才說完，我媽就開始乾嘔，我爸、珍娜和我馬上撇過頭去，假裝不認識她，可憐的莉荻亞只能孤軍奮戰。

我們抵達入住的迪士尼奧爾良港法國區渡假村，眼前是游泳池、遊戲室、霜淇淋，全是難以置信的奢侈享受。

整趟旅程的前三天眞的超級夢幻，我們逛遍了所有迪士尼園區，餓了就在好萊塢星球用餐，每搭完一項遊樂設施，都到紀念品店買個小東西留念，就連怕熱又怕擠的珍娜都玩得超級開心。

星期四晚上，我們到迪士尼商店街探險，我們期待這一天已經很久了，恰巧《飢餓遊戲》第一集正在首映，在我的少女心中，《飢餓遊戲》的作者蘇珊·柯林斯地位堪比珍·奧斯汀，我用破紀錄的速度，一口氣嗑完了《飢餓遊戲》三部曲，一想到要等到回家才能看電影版《飢餓遊戲》，我就心癢難耐。我爸那趟旅行出手特別闊綽，不僅買了五張晚上八點的電影票，還事先預訂了附近的餐廳。

「莉荻亞，妳要點什麼？」她還沒決定。「我想點熔岩牛肉玉米片、超開胃前菜精選，要不要跟我一人一半？」我才問完，耳邊突然一陣獅吼，接著是大猩猩搥胸，侍者安排我們坐在雨林餐館最靠裡邊的舒適角落，旁邊就是瀑布造景。

隔了一會兒，我滿嘴食物道：「我的天啊！太好吃了吧！」

「玉米片配這牛排太犯規了吧。」莉荻亞深有同感。

我媽看了一點，滿臉嫌棄。「吃得一臉豬樣。」

吃完晚餐，我們坐進電影院，莉荻亞打了個飽嗝，超級大聲，這在我們家雖然見怪不怪，但莉荻亞說肚子怪怪的，我正好也有同感。

「要不要去洗手間？」我問。

她看了看走道——我們這排座無虛席。「算了，」她說：「等一等就好了。」

燈暗了，觀眾小聲歡呼。莉荻亞坐在我爸媽中間，再過來是珍娜，我則坐在走道邊。女主角都還沒自願參加飢餓遊戲，竟然就出事了。

「喂，」我爸用氣音說：「不要這樣。」

「噢咻——」莉荻亞又長嘆了一口氣。

接著是兩、三分鐘的平靜，突然又一聲「噢咻」，再一聲「噢咻」。

「妳搞什……」我爸話還沒說完，莉荻亞就噴發了。

嘔～嘔～嘔～視線所及全是穢物，前後三排都聽到了，就算沒聽到，再過三十秒也會聞到，我爸媽從椅子上跳起來，我爸抱起莉荻亞就往外走，走到一半發現珍娜和我沒跟上，趕緊回過頭。

「芬妮，」他用氣音說：「走啦！」

我搖頭。「我要看完。」

我爸滿臉驚駭。「幹妳他媽的開什麼玩笑！妳要在嘔吐物旁邊坐兩個小時喔？」

我聳聳肩，沒錯，我就是要在嘔吐物旁邊坐兩個小時，等了那麼久，好不容易才等到《飢餓遊戲》上映，加上電影票又不便宜……「晚一點旅館見。」我用氣音說完，就用帽T的領口遮住鼻子，深陷回電影院的座椅裡。

莉荻亞和我爸媽都熟睡了，珍娜和我才回到旅館，我的腸胃整晚都像狂飆的風火輪賽道，我躡手躡腳走進浴室找馬桶談心，談完坐在角落，發現一條蘸滿嘔吐物的毛巾。

那天晚上，我睡睡醒醒，跟莉荻亞輪流進浴室，旅程最後幾天更是全程病懨懨。

「幹，出來旅行，最後變這樣，果然是我們基瑟家的風格啊。」我爸在機場戲謔道，我們在西南航空的櫃檯等待登機。

莉荻亞和我好得差不多了，虛弱歸虛弱（我們猜想應該是食物中毒），但對老爸的笑話還是很捧場，想來我們全家一定會時不時拿這趟旅行來說嘴。

「我眞的玩得很開心。」珍娜說。

我很詫異珍娜竟然會這麼說，第一次看到珍娜玩得那麼盡興，我們都很高興。

這趟迪士尼之旅儘管慘烈，卻是我第一次嘗到渡假的滋味，也是我們家少數沒脾氣、沒壓力的時光，我和兩個妹妹在海邊的木棧道試了彩繪紋身，我爸在美國小鎮大街吃了火雞腿。我爸一直說我在Denny's家庭餐廳點了兩份早餐——我才沒有好嗎！但他還是一直講，講到最後都變成笑話了。

「我跟妳說，」我對珍娜說：「我跟妳一樣，這輩子第一次玩得這麼嗨。」這趟假期是我們全家共度過最快樂的時光，感覺眞棒。

旅行完回到家，已經很晚了，接下來幾個月，我爸媽幾乎天天吵架，整趟旅行透支太多，每一張信用卡都被我爸刷爆了，連買生鮮雜貨的錢都不剩，但無所謂，在我心目中，這趟迪士尼之旅是我們全家最最美好的回憶。

泰德第一次哭醒討奶嘴，是晚上九點五十六分，我快速心算了一下：泰德是晚上七點十五分入睡的，還沒睡滿三個鐘頭就醒了，看來今晚別想安穩度過了。

泰德四個月大，平常連續睡上八個鐘頭不是問題，但迪士尼樂園的四季飯店對他來說是新的環境，而且這是他第一次睡這裡的嬰兒床，生理時鐘因此大亂。我睡在最靠近嬰兒床的床上，聽著他整晚翻來覆去，沒睡好一直抓被被，熟睡了又一直打呼，鼾聲比英國獒犬還要響。清晨五點半，泰德睡醒了，整個晚上一共醒來四次，有一次哭得特別傷心，我還熱了一瓶牛奶安撫他。我揉揉眼睛，估計我應該睡不到四個小時。

醒來後一個鐘頭，寶寶跟我在四季飯店的走廊漫無目的閒逛，時間還太早，渡假客大多還在睡，走廊上只有飯店員工，不然就是帶著早起幼兒、無所事事的房客，每次跟這些媽媽擦身而過，我們都會互相交換同情的微笑，她們以爲我們是天涯同路人，但我跟她們才不一樣，從開始幫忙帶小孩到現在，我想生小孩的欲望一路往下降，帶著小小孩出門根本無法渡假，只有一堆瑣事，還要應付寶寶曬傷耍性子。我看到的媽媽身後幾乎都拖著個孩子，爸爸不是在游泳池畔喝啤酒、就是在用手機跟朋友聊天，媽媽則好像永遠擺脫不了媽媽這個角色。

等到黛凡和希奧兩家人下樓吃早餐，大家的心情看起來比昨天好多了，今天請了VIP導遊（每小時要價兩萬二，門票另付），一定可以盡情暢遊神奇王國。

「但我們可以快速通關不用排隊，老實說，這樣好多了，昨天兩隻小的太辛苦了，玩每一樣都要排三十分鐘。」希奧說。

我瞥了希奧媽一眼，她對著我挑了挑眉，彷彿滿腹疑問。這一行人中，唯一務實的只有希奧媽，她是獨生女，成長於一九四〇年代的布朗克斯。在迪士尼樂園，大家都不想排隊——這就是重點了，大排長龍雖然掃興，但卻是奢侈的煩惱，小蕾和睿司如果可以穿過人潮、想玩什麼就玩什麼，我擔心他們會心生優越感。我想像小蕾掃了一眼跟她同齡的孩子——他們就算得等上一個鐘頭，也想坐上夢寐以求的遊樂設施——小蕾的小腦袋會怎麼想呢？快速通關是我跟黛凡難得意見相左的地方，討論了一下，大家決定寶寶跟我還是別去神奇王國，我大大鬆了一口氣。

「對寶寶來說，昨天實在太熱了，而且今天更熱，比昨天高五度。」黛凡說。

「我也覺得太熱了。等等我先帶他去游泳池泡泡水，然後吃個午餐再午睡。」

「很棒。想吃什麼、想喝什麼，儘管點，報房號就好，他們會記在帳上。」

「好耶。」說完不久，我買了四罐零卡可樂、一塊唐老鴨杯子蛋糕，帶到游泳池邊發呆亭享用。

泰德還是小寶寶，需要悉心照料。我們在發呆亭安頓好，但還不能隨便出去曬太陽，得幫泰德擦有機防曬油、穿防曬衣、換游泳尿布，戴上（看著像非洲獵遊導覽員的）防水帽。

「天啊！好可愛的寶寶。」我耳邊傳來貴婦的聲音。

我把泰德抱在膝上，坐在游泳池的淺水區，每隔幾分鐘，就讓他的小腳趾泡一下水，每泡一次、他就嚇一次，嚇完了就開始疑惑，疑惑完了又笑開了。

「還戴著小帽帽。」另一位貴婦說，我愣了一下——這聲音好耳熟。

轉過頭，我看見蒂娜．菲從游泳池邊走過，穿著打扮跟我想像中的一模一樣——連身裙、棒球帽，標準的貴婦池畔穿搭，我面露微笑，被誤認成泰德的媽媽那麼多次，就屬這次最高興。很可愛對吧！我多想跟兩位貴婦說：我家這隻超級得人疼！要不要抱一下？還是帶回家養？當然我只是想想罷了，我被蒂娜．菲的明星光環打到，連招呼都忘了打，她們就走過去了，我立刻傳簡訊向親朋好友報告這樁奇遇。

等到大家玩回來了，我和泰德也在四季酒店度過了漫長但愉快的一天，跟幾個月大的小寶寶互相作伴，時間感覺過得好慢，小寶寶集中注意力的時間很短，短到幾乎不存在，大部分的時間都在讓他們保持清醒，時間到了再哄他們小睡，一整天下來乏味又無趣，但兩隻大的不在，十分寧靜——自從開始帶小孩之後，寧靜就成了難得的奢侈。

「好不好玩？」我問兩隻大的。

他們還來不及回答，就朝著划水道直奔而去，阿洛舅舅緊追在後。

「好玩透頂，」希奧說：「導遊安排得妥妥貼貼，五個鐘頭就把整座遊樂園都玩遍了，這錢花得值得。」

我猶豫地點點頭，黛凡的聲音從泳池另一邊的櫃檯傳過來：「芬妮，要喝一杯嗎？」

「好啊，一杯白酒，謝謝。」

「聽起來今天比昨天好多了，」我對希奧說：「我很驚訝你們這麼早就回來了。我們家去迪士尼的時候，兩個妹妹跟我都玩到不想回家。」

「喔，那兩隻玩到後來就覺得無聊了，太熱，待一下就膩煩了，對吧？」希奧說：「迪士尼樂園對這麼小的小朋友來說太辛苦了，明年要帶他們去更適合小小孩的地方好好玩一下。」

27 敏荻老鼠

我要尿尿，但我身上掛著寶寶，而且（一如既往）不是我的寶寶，是別人家的寶寶。

氣溫將近三十二度，光是走四條街到東九十六街，泰德跟我就渾身濕透，沉浸在彼此的汗水裡、口水裡、氣憤裡。走去接睿司的路上，泰德的尖叫沒有停過，我擔心如果把他放下來，恐怕很難再幫他穿上BabyBjörn的嬰兒揹帶，所以我揹著他擠進狹小的廁間，一邊尿尿，一邊忍受他在我胸前踢踢踢，不僅身體不好受，心裡也很不好過。

我們左閃右躲來到營隊接送區，一陣冷氣撲面而來，眞是暢快，紐約街頭又悶又熱，我卻穿著白色的貼身無袖背心，一早上班時穿的灰黑T恤還比較像話，但泰德吐了兩公升的奶在上面，害我落到這個下場——穿著老闆的無袖背心，揹著老闆的寶寶尿尿，而且車頭燈狂閃，想遮也遮不住。

睿司參加一所頂尖私立中學舉辦的藝術農場夏令營，但既沒有去農場，也沒有發揮什麼藝術天分，只是每天早上都有農場動物來訪。營期總共五天，每天三個半小時，總計十七個小時，要價兩萬五千五百元。

走回家的路上，睿司一直「敏荻老鼠」「敏荻老鼠」說個沒完。「是小老鼠呢？還是大老鼠？」我問他。

「敏荻老鼠好小好小好小，跳上滾輪跑跑跑跑，跑得跟超音速噴射機一樣快！」

「有沒有抱到呢？」

「沒有！不給抱！我問老師，老師聽沒到，然後、然後，老師聽了！但老師說不行。」

「噢，怎麼這樣。你想抱敏荻老鼠嗎？」

「不想。」他斷然否定。

「你剛剛不是說喜歡敏荻老鼠嗎？」

「我哪有！」睿司吼道。三歲小孩變心變得眞快，一下子喜歡，一下子不喜歡。

我們爬上坡，終於快到家了，突然間，有個溫溫熱熱的東西順著我的脖子往下流，我以爲是鳥屎，沒想到只是寶寶溢奶，立刻吁了一口氣，順手一揮甩到地上，泰德又開始尖叫，我用奶嘴塞住，他把奶嘴吐還給我，這次叫得更大聲，生怕我剛才沒聽到。

「啊啊啊啊，不要吵。」睿司抱怨道。

我拚命翻包包，看能不能翻出什麼東西，讓這滿嘴咿咿呀呀的七個月大嬰兒安靜八十五秒。賓果！我翻到四分之一根米餅——這東西就是寶寶版的燕麥棒，也是我手上僅存的救命符。

寶寶安撫好了，我們一邊走進電梯，我一邊跟睿司講解接下來十五分鐘的行程：「我先幫你播影片，然後我去哄泰德睡覺，等到泰德睡著了，我再出來帶你去房間換睡衣，然後念故事給你聽，讓你也休息一下，可以嗎？」

「可以！」睿司說。但真的輪到他休息了，我確定他一定又不可以了。

出了電梯，家門就在眼前，睿司偏偏在走廊上討水喝。「可不可以等一下，等我們進門了再喝？」

「不可以！我不能等！我現在好渴！」

「睿司，拜託……」泰德又哭起來了。

「我不能等！我要喝水！」

「好好好。」

我把最後一口米餅塞進泰德的嘴巴，再把一杯水塞到他哥哥面前，只差一步就進到屋裡了，小隻卻發出噎到的聲音。

換作另一個平行時空的我，一定會直接躺平跟水泥融爲一體，手臂汗毛倒豎，雙頰滾燙，四肢動彈不得，但此時此刻的我，二話不說，該怎麼做就怎麼做——一手扳開泰德的嘴巴，一手把他喉嚨裡的米餅摳出來，一邊摳一邊想：手指CPR可以當作專長寫在LinkedIn履歷上嗎？不到十秒鐘，危機解除，寶寶神色自若，我也雲淡風輕。

紗夏生完寶寶帶回家讓我照顧，已經是兩年半前的事了，或許帶寶寶跟嘗試新事物一樣，一回生二回熟，時間長了就不怕了。想來新手媽媽也有同感吧？第一胎好黏人又好脆弱，怎麼想怎麼嚇人，生到第二胎（甚至第三胎），突然恍然大悟——比起你把小寶寶弄死，小寶寶弄死你的機率還比較高。

不過，我算應付得還不錯，愛詩德事前警告過：一次帶三個，而且三個都不滿五歲，可說是相當棘手。

一打三忙不過來就別說了，鬥智還常常鬥輸，但年輕就是我最大的本錢，二十七歲的我，還能抱著小隻追著兩隻大的跑上半天，下班時當然累到不行，跟媽媽們一樣沒有力氣到市中心找朋友吃晚餐，週間也很少去喝幾杯，而且開始感覺到初老，所有精力都拿去玩紅綠燈、逛公園、推三寶推車在第五大道來回散步，懷念從前每逢星期二就會在東村找一間時髦餐廳喝幾杯，用不著擔心隔天身上掛著寶寶宿醉。

我跟小蕾、睿司、泰德很親，這種親跟露比、杭特的那種親不一樣。小蕾如果討抱，我就會縮在沙發上讓她依偎著；泰德如果生病、需要固定住讓醫生做流感快篩，我就會按著他的小手臂，聽著他在我耳邊亂叫。雖然我跟這三隻的感情愈來愈深厚，但卻漸漸覺得我還沒到過這種生活的年紀，我自由的時間剩不到幾年，怎麼就把自由都揮霍掉了呢？

「史蒂芬妮！」我才剛幫睿司蓋好被子，他不乖乖午睡，卻來叫我了，我仰頭長嘆，自從睿司滿三歲半，哄他午睡就像在打仗，如果他不肯睡，我的休息時間就泡湯了。

「史蒂芬妮！快來！」

我悄悄推開他的房門：「睿司，睡午覺嘍，小朋友。有什麼需要幫忙的嗎？」

睿司剛換雙人床，躺在上面看起來好小一隻，緊緊抱著貓頭鷹玩偶「呼呼愛」，嘴唇輕輕顫抖。我又問了他一次，看他有什麼需要幫忙的地方。

「可以陪我坦一下嗎？」他問。

我怕他賴皮更久更不肯睡，所以通常都會拒絕，但他今天特別愛撒嬌，儼然是個不肯睡覺的可愛小男孩。

「好吧，但只躺一分鐘喔。」我說。

我才剛在冰涼的被子上躺好，睿司就湊過來抓住我的手，再過幾個月，他就會覺得牽手很幼稚，但此時此刻的他，將小手指溜進我的手心，慢慢進入了夢鄉，這是值得珍藏的時刻，而我也確實很珍惜，但躺在這裡，我就不能發呆滑手機了。

「芬妮？」睿司用氣音說。

「嗯？」

「我愛妳。」

帶小孩很難得會有感到尊榮的時刻。小孩子所給予的無條件的愛，不同於大人之間的情感，小孩愛就是愛，沒有界限，沒有評判，愛得純粹，愛得簡單，愛得大方（但這樣的慷慨大方長大之後就不見了），這是當保母才有的殊榮，其他工作都沒有，絕對不是微不足道的小事。

「我也愛你。」我一邊說一邊想：自己多麼幸運，怎麼捨得離開他們呢？（但也只是偶爾想想罷了。）

心動的感覺總是稍縱即逝。

因爲孩子帶來的美好時刻，背後總有地獄在潛伏等候。

我在爐子上燒水，睿司的朋友姵兒從房間裡冒出來。

「史蒂芬妮，」她大叫（我們明明相距不到三公尺）：「可以玩這個嗎？」

姵兒才三歲半，卻已經非常難纏，精力無窮，說話不饒人，不僅有私人司機、貼身保母，還有三個陪玩姊姊，而且她家跟脫口秀女王雀兒喜·韓德勒是世交。她把一盒紙娃娃遊戲組舉得高高的讓我看，我心想：愛玩什麼就玩吧，小鬼頭，拜託不要來煩我就好。

「可以，但玩的時候要小心，好嗎？」

「好耶！」她尖叫歡呼，立刻溜回房間。

我月經剛來，全身陣陣作痛，不曉得是經前症候群、還是工作一整天的關係，腰部一圈彷彿有三百道紙割傷，肚子裡感覺塞著裝滿水的S'well保溫瓶，一碰就痛。但有姵兒跟親愛的睿司一起玩，我樂得無事一身輕，不用讓小孩子攀爬、東碰碰、西擦擦。我一邊攪拌義大利麵，一邊看了一下時鐘，再三個半小時就上滿十一個鐘頭了，想到這裡，我差一點沒吐出來。

我在廚房裡忙得團團轉，姵兒和睿司雙雙探頭進來，捂著嘴不曉得在說什麼悄悄話（我猜八成是廢話），接著輪流問我問題。

「可以玩馬克筆嗎？」

「可以。」

「可以玩磁力片嗎？」

「可以。」

「可以切開貓咪的肚子檢查一下嗎？」

「不可以。」

前十分鐘左右，他們在睿司的房間裡玩得好好的，毫無可疑之處，一切都很正常，要是讓我搭時光機回到當時的場景，就算搭個一百萬遍我也不會起疑，不過就是一個祥和的星期三下午，我還很訝異自己運氣怎麼這麼好，就在我心懷感激的當兒，門鈴就響了。

我喀一聲打開門，不耐煩地問了一聲：「有什麼事嗎？」泰德才睡了一個半鐘頭，我擔心他被門鈴聲吵醒。

「家裡沒事吧？」吉米問。

吉米是門房，體貌魁梧，看上去跟棕熊差不多，我看了他一眼，只見豆大的汗珠從他的額角流下來。

「沒事啊，都很好。」我笑道。他激動個什麼勁？

吉米的同事向前一步，問：「妳確定嗎？」

「對呀，我確定我們都……」

「妳聽我說：有沒有人把東西丟出窗外？」吉米打斷我的話。我啞然失笑。

「沒有，怎麼會有人……」但話還沒說完，我就恍然大悟。

我們三個大人進到睿司的房間，姵兒笑得全身亂顫，我看看姵兒，再看看睿司，他坐在窗邊，窗戶拉開了一條小縫，看來就算問了也是白問。

「睿司，」我一個字一個字慢慢地說：「你有沒有把東西丟到窗戶外面？」這裡可是二十五樓耶！

睿司看著我的眼睛，沒有回答，所以我又問了一遍：「睿司……你有沒有……把東西丟到窗戶外面？」

「眞要說的話，」吉米插話道：「他丟的不只是『東西』，而是一堆東西。」

「什麼意思？到底丟了多少？」我問，他說不曉得，我感覺渾身發燙：「說個大概？」

「差不多二十樣玩具，」他坦誠相告：「一個鬧鐘，一盒美術用具，兩包影印紙。」

姵兒興奮大叫，叫什麼我卻沒聽見，滿腦子都在想我死定了。

我那天最大的福氣，就是從二十五樓掉下去的玩具沒有砸到任何路人，大部分都掉在九樓兒童遊戲室的露臺上，吉米一邊跟我解釋，我一邊把寶寶搖醒，拉著睿司去把沒摔壞的東西全部撿回來。

走進遊戲室的那一刻，我的心跳得好大力，大力到我能感覺到撞擊的力道，我努力讓眼淚不要掉下來。我怎麼會沒注意到，我心想，我怎麼會這麼粗心？但另一個想法也同時冒出來：幹他媽的我哪知道會發生這種事？

「那麼多玩具耶？你相信嗎？」我耳邊傳來瑪麗蓮的驚呼，她有兩個孫子，同時也幫人家帶孩子。瑪麗蓮的聊天對象也是保母，叫薇若妮卡，薇若妮卡常常傳長篇祈禱文要大家轉發出去，我每次回覆的內容都彷彿很高興可以跟一堆陌生人一起收到訊息，我雖然看不太懂祈禱文的內容，但薇若妮卡是很可愛的亞洲老太太，退出她的信仰群組感覺很不對，其他陌生人都回長篇的心得感想，我都打「哇，好文章！感謝分享：）」之類的，而站在遊戲室裡的我，一想到黛凡發現之後的下場，就恨自己平時怎麼不虔誠一點。

「所以他無緣無故把玩具往窗外丟？」瑪麗蓮問。

「對。」我咕噥著，眞想挖個地洞鑽進去。

遊戲室裡四位保母齊聲大笑，笑完之後各個一語不發，開始動手做例行公事——幫別人擦屁股：撿起摔壞的玩具汽車，丟掉摔爛的公仔，把完好如初的玩具擺成一堆。沒人質問我究竟怎麼回事。

「這個撿完應該就沒了。」瑪麗蓮說。

我怯生生地感謝大家的幫忙，心中焦急黛凡要是知道了我就完蛋了。

「謝謝你們，眞的，這個忙你們大可不必幫的。」

「沒事的，芬妮。我們帶小孩帶了那麼久，都知道小孩有多瘋，妳經歷的我們也都經歷過，」瑪麗蓮給了我一個溫柔的微笑：「妳很會帶孩子，我們都挺妳。」

等我們上了樓，黛凡已經到家了，門房好心將整件事說給她聽，我連解釋的機會都沒有，其實我也不曉得該怎麼解釋，我雖然不是故意的，但我確實疏忽了，黛凡匆匆問了我幾句，我回答得結結巴巴，她就打發我早點回家了。

我一踏出大門，立刻打給室友莎拉，她是幼稚園老師，沒想到她一接電話，我就哭出來了。

「芬妮，我聽不——」莎拉一開口，立刻被我演技派的啜泣聲打斷：「我聽不清楚妳說什麼。深呼吸一下。」

我冷靜下來，把整件事說給她聽：「他一個人玩了多久？」莎拉問。

「幾分鐘！也才短短幾分鐘！我沒去看他們在幹麼，因為他們一直探頭探腦問我問題！我哪知道他們把睿司的東西通通往窗外扔？」說完我又哭成一團。

「可是芬妮，工作犯錯很正常啊，大家都會犯錯，妳為什麼這麼難過？」

「因為很危險啊。」我說。確實很危險沒錯，我辜負了這份工作，而且更糟糕的是——我辜負了黛凡。

我和黛凡之間的界線愈來愈模糊，隨著我們的交情愈來愈好，我就更在意我的工作表現。我難過不是因為我怕被開除。說實話，我已經厭倦了扮家家酒的生活。我滿腦子只想著賺錢賺錢賺錢，想到後來光是錢已經滿足不了我。我雖然想利用週末的時間寫點東西，但閒暇時間總是不夠用，寫作進度延宕不前，有時候，我覺得自己已經徹頭徹尾變成了保母，不曉得從今以後該何去何從。

如果真的被解僱，不用帶小孩、不用開同樂會、不用換尿布，我可能還會覺得解脫了。但是，黛凡對我很失望。我工作沒做好、辜負了朋友。這兩件八竿子打不著的事情，如今卻緊密交纏在一起，實在是非常不成體統。我一直哭一直哭，哭到眼睛都疼了才上床睡覺，好久沒哭成這樣了。我放下遮光窗簾、關上電視，躺上床，心想：

我的工作明天還在嗎？

究竟是在好呢？還是不在好呢？我回答不上來。

28 死撐活撐

出事的當下，我已經連續三天上班十四個鐘頭了。我把泰德抱在腰側（他十五個月大了，特愛吃肉，吃得頭好壯壯），空出手來捏住小蕾的鼻子，她正在流鼻血，睿司在我身邊尖叫。每天到了晚上總是要演這麼一齣。小蕾和睿司過完了漫長的一天，累得發慌，閒來無事就開始肉搏戰，剛開始還興高采烈，後來就不好玩了——小蕾從一個抱枕跳到另一個抱枕上，兩隻的頭忽然撞在一塊，嘻笑聲瞬間變成慘叫聲，我關掉爐火（正在燒水煮義大利麵），請管家安娜幫我抱泰德讓我照顧一下睿司，但泰德死活不肯，這下三隻都崩潰了，我也只能關關難過關關過，拿出安撫的聲音說：「噓，別擔心，沒事。」安娜拿著拖把從我身邊走過，雖然一臉歉意，但我曉得她很慶幸自己可以袖手旁觀整個翻車現場。

「囡仔人卡麻煩。」安娜說。

我點點頭。儘管語言隔閡，但我同意她的話。我好厭倦。我厭倦小孩子了。

晚上離開前，我簡明扼要跟黛凡報告當天的情況，她比平常慢一個小時才到家

（沒料到會跟後進喝酒喝到那麼晚），以前我下班之後通常會再多待一會兒，跟黛凡分享生活、討論一下簡訊的內容，笑一笑那些神經兮兮的媽媽和她們調皮搗蛋的孩子。但是，過去幾個星期，我們都只交換情報，對話內容變得無趣又古板，說起話來總覺得有疙瘩。我想念我們從前的交情，卻又恨她是我的老闆，結果就是愛恨交織。下了班回到家裡，已經九點十五分，再過九個小時，我又得出門搭車，到黛凡家幫她帶小孩。

我告訴黛凡我需要幫手，三隻小的對我需索無度，我需要休息、喘口氣。他們找了一位陪玩姊姊，是一位大學生，學校就在聯合廣場附近。她來上班的那個下午，我真的是滿心期待，多一個人就多一雙手，而且她會待到七點，這樣我六點就可以下班——提早走是難能可貴的享受，我列了長長的清單，寫滿令人興奮的待辦事項，準備好好利用這空出來的一個鐘頭。前一天晚上，我傳簡訊給所有親朋好友——誰明天要一起吃晚餐？雖然大家都興趣缺缺，但我還是很興奮擁有多出來的自由時間。

門鈴響了，我熱情迎接：「嗨！瑪姬！我是史蒂芬妮。」

瑪姬一邊脫鞋子，三隻小心翼翼地圍上去，好像小狗嗅聞陌生的氣味似的，我見狀鬆了一口氣，如果瑪姬能幫忙顧上幾個小時，我就可以好好休息一下，長久以來的問題彷彿終於有了解答。

「今天要玩什麼呢，小朋友？」

兩隻大的吵著要玩車車和瑪利歐賽車，睿司很興奮，但泰德的小手卻死抓著我的棉T領口，我低頭一看，發現泰德正在打量瑪姬，瑪姬也注意到了，於是上前一步，綻開笑容。

「嗨，小寶——」瑪姬話還沒說完，就被泰德的驚聲尖叫打斷了。

我要泰德「噓」，一邊摸摸他的背，一邊解釋他比較怕生。

但都過三個星期了，每次瑪姬來，泰德還是死抓著我不放，我只是希望他也可以對別人產生好感，讓我可以多一點私人時間，所以我還是鼓勵瑪姬不要放棄。

「慢慢來沒關係。」我說。但其實有關係。泰德對她沒好感就是沒好感。

我發現妳最近心情不好，想說關心一下。黛凡傳簡訊問我。還好嗎？

那天是星期四下午，我躺在她和希奧的床上，她的兒子躺在我的臂彎。睿司正在看《汪汪隊立大功》，汪汪們正在辦案，隊長萊德要隊員小礫把推土機開走，睿司一邊看，一邊又捱我捱得更近了一點，我好愛他，但我不想當他的保母。

我掙扎著該怎麼回黛凡。過去幾週，我們一直在逃避這個話題。我打了幾個字，刪掉，再重打。

刪了又打，打了又刪，幾分鐘後，我考慮已讀不回，但心結不會自動消失，我已經認清了這一點，避而不談對任何人都沒有好處。

我很愛你們一家大小，但我覺得自己撐不下去了，真要說的話，我準備轉換跑道，做比較朝九晚五的工作，或許是時候該放手了。

我焦急地等待黛凡的回覆。不知不覺中，我跟睿司愈靠愈近，他漸漸從我身上找到了慰藉，而我又何嘗不是？不僅睿司的生活重心是我，我的生活重心也是睿司，我離開了，不曉得誰更難受。

跟妳說，我們不希望妳離職，但我們希望妳開心，我只求妳給我很多很多時間來找人接手。無論妳接下來想做什麼，我都願意幫忙。我們全家都站在妳這邊。

我一邊讀簡訊，一邊想像有人接替我的位置、扮演我的角色，取代我在這三隻心中的地位。我不想要他們有新的保母，我也不想讓陌生人來照顧他們，但我自己卻也做不下去了。同樣的獨白我在心中重複播放了好多次。帶小孩就是會惹上這種麻煩——你對他們視如己出，但別人家的孩子永遠是別人家的孩子，你注定只能陪他們一下子，這就像愛上不該愛的人，明明知道不適合還硬要在一起，剛開始很甜蜜，但時間拉得愈長，最後就鬧得愈不愉快。

我逼自己回覆黛凡的訊息，鼓起勇氣按下傳送：

怎麼可能讓你們孤立無援？妳知道我不是這種人，也許再過幾週我們可以討論一下離職日期，我知道很難，但早點想清楚比較好。

終於說出心裡話，我長舒了一口氣。這番話我已經憋在心裡好幾個星期、甚至好幾個月——說實話，應該已經憋了整整五年了。原本幫人家帶小孩只是爲了嘗鮮兼賺外快。我從小就夢想能獨立自主、買小時候買不起的東西，在我心中，成功等同於物質享受——自己賺、自己花、自己買，我要的愈多，擁有的也愈多，但我究竟付出了多少代價？

一方面，我住的是豪宅，戶頭裡有十幾萬，每期學貸都按時繳還，還有餘裕招待妹妹去渡假、聽演唱會，而且並非偶一爲之。上回外婆來紐約，我帶她來上東區跟這三隻打招呼，外婆笑得好開心（已經好幾年沒看過外婆這麼高興了），離開黛凡家之後，我給外婆一個驚喜——到洛克斐勒中心的景觀餐廳用餐，外婆對無敵夜景讚嘆不已，但忍不住一直問：「芬妮，我們吃得起嗎？」我瞄了一眼菜單上的價錢——現在已經一點也不覺得貴了。

我雖然實現了夢想，但現實卻不如想像中美好。本來以爲買毛衣不用看標價的那一天，我一定會嗨到爆，卻沒想到羊絨穿起來也沒有特別舒服，跟棉質衣服差不了多少。

再說了，無論我再怎麼成功，我的朋友也鮮少覺得跟我平起平坐。那些我在紐約結交的朋友（有些畢業之後還是跟家裡拿錢），見過我的家人之後總會說：「妳簡直是現代奇蹟。」我第一次吃淡菜的時候，他們還開玩笑說：「一窮二白，三餐沒海鮮。」其實這大多要怪我常常嘲笑自己的出身，但比起格格不入，還不如自我解嘲。

說到底：我從來不覺得自己配得上這一切，而且我漸漸明白：我可能一輩子都會覺得自己不配。

本來以爲在大城市取得成功就能證明自己，但我愈來愈迷惘：成功究竟是什麼？我幫忙帶小孩的那些人，成功的標誌樣樣不缺——存款、資產、豪宅、（想養幾個就養幾個的）小孩。我只有十幾萬的存款和滿腦子的工作。比起小時候的生活，我現在算是過上好日子了，但我不禁納悶：我是失去的多呢？還是得到的多？我是眞的過上好日子了呢？還是那些比我更有錢的人欺哄我，讓我自以爲過得還不錯？

不管答案是什麼，我都無所謂了。我只想重新找回我的人生。二十歲的青春芳華都拿去養別人家的孩子了，如果我想要自己的孩子，就勢必得從保母工作抽身。我放下手機，看了看睿司。把我的心聲告訴黛凡並不難，難的是離開這三隻。無論如何，我心中的大石頭已經落了地。淡淡的哀傷底下，是滿心的樂觀向上。

是時候該向前走了——我的心情豁然開朗，這時節，正好是二〇二〇年二月的最後一週。

29 COVID-19

我站在大大的玻璃門前眺望美麗的游泳池，手裡拿著古樸的馬克杯啜飲著熱咖啡，突然一陣窸窣，狗兒在我腳邊躺了下來。四月初了，天氣逐漸回暖，今天該是個和煦的日子，我看見一隻松鼠跑到櫟樹上，枝枒光禿著，還沒發芽。眼前這片景觀實在太美——綿延數里的綠草如茵，秋天裡豐收的碩肥金瓜——我簡直不敢相信自己竟然身在其中。

眞的，重要的事情說三遍——我眞的不敢相信自己身在其中。

黛凡才跟我說好要再找保母，結果過了兩個星期，全球疫情四起，要說哪裡疫情最嚴重？當然就是紐約了。

黛凡家跟大多數的紐約富人一樣，病毒肆虐的城市困不住他們，舉家搬遷到漢普頓的別墅不就得了。黛凡和希奧的法律事務所雙雙發布遠距工作通知，但家裡有三隻不滿五歲的半獸人，他們要怎麼在家工作？跟我在同一棟豪宅帶小孩的保母，紛紛傳簡訊告知老闆一家要去哪裡避瘟，地點各式各樣：佛羅里達、薩格港、懷俄明州，睿司的幼稚園老師遠在墨西哥的濱海別墅視訊教學，別墅是她爸媽買的，共有十間臥室。可以不用待在紐約的人都走了，連管家啦、保母啦都一起帶走。

所以我才會在這裡。前一天才說工作和生活要分開，隔一天就連狗兒都一起住進了辦公室裡。

「小蕾，再五分鐘打開Zoom，要上體操課。」我高聲喊道。

小蕾大叫，接著跌坐在地，說什麼絕對絕對不要，又說最最討厭虛擬教室。這也不能怪她。上學最棒的地方就是可以跟朋友一起玩，如果見不到朋友，上學幹麼呢？

「芬妮！我好了！」

我一個箭步衝到睿司旁邊，檢查他剛剛描好的字母，通通都對，只有一個字母沒寫好。

「抱抱！抱抱！」

我感覺褲管被拉了幾下，有個小寶寶堅持要我抱——問題是，這個小寶寶已經不小了，泰德剛滿一歲半，還是常常討抱，討不到立刻翻臉。「等一下，小寶貝。」我一邊說，一邊教睿司「F」要怎麼寫比較容易，泰德一秒爆氣，馬上仰倒在地。

「芬妮，Alexa的計時器響了。」

「謝謝你，睿司，」說完我要Alexa關掉計時器，接著走到爐子邊，把義大利麵倒進滾水裡。「小蕾，打開Zoom，上課了。」

小蕾大聲嚷嚷，咒罵我最壞了什麼的，一直罵到老師上線才停止，泰德尖叫著討「抱抱」，我一抱起來，他就立刻安靜。

「芬妮？芬妮！」睿司喊道，我把爐火轉小，再走去看他需要什麼。

「我牙齒中間有東西嗎？」

他張大嘴巴，我看了看：「牙縫卡了食物屑屑，等一下喝水漱漱口就好了。」

「不要！我要用出來！我要用出來啦！」

「睿司，沒事，我們現在沒有牙線呀。」

「啊——啊啊啊啊——我要用出來！拜託！用出來！」

我一邊想著討厭自己的一百種方式，一邊用小指的指甲把殘渣從他的齒縫間挑出來。

挑到一半，前門開了，我聽見黛凡拖著腳步走進來，她再過幾個鐘頭就要交出訴訟摘要，但附近唯一的超商每到下午就大排長龍，爲了避開人潮，她一大清早就去採買，工作時間因此往後延，得一路工作到晚上，希奧不用採買，上班時間還是照常上班。

「太棒了，」黛凡斬釘截鐵道：「人生到此爲止，連星巴克都關門了，我想我還是死一死算了。」看來我們的心情都快跌到谷底了。「家裡都還好嗎？」她一邊問，一邊在洗手檯奮力搓手。

「還行。小蕾爲了體育課在生氣，其他都很好。」

「她討厭體育課，」黛凡嘆了一口氣：「坦白說，她體育不太行。」

我點點頭。小蕾沒半點運動細胞。

「超商的情況呢？有沒有比上週好？」過去幾個星期，黛凡每次採買完，都會帶回比新聞更驚悚的消息，新聞只會報導大眾囤積清潔用品，而在頂級富豪的世界，更駭人聽聞的事情天天上演，病毒將貧富不均的議題攤在陽光底下，原來富人和僕人的差距，比我原本以爲的還要大。

「好不到哪裡去。我今天看到一位矮小的拉丁美洲婆婆，把十五箱——我沒在開玩笑喔——十五箱氣泡水搬到黑色休旅車上，那位婆婆大約——我亂猜喔——六十五歲？還是七十歲？總之富豪害怕染疫，就使喚婆婆出門買東西。」

上回我路過（一顆西瓜賣九百五的）Citarella超市，看見幫傭們魚貫從門口走出來，手推車裡塞滿了大魚大肉、新鮮水果、廚房紙巾，我環顧一下停車場：保時捷、奧迪、**Range Rover**，我則乘坐賓士休旅車，僅僅兩個鐘頭的車程之外，紐約皇后區法洛克衛鎮每天都有上百人死於新冠肺炎，我卻戴著口罩坐在豪車裡，如果我不說這裡是停車場，別人還以爲是哪裡的豪華車展。這裡的富豪只要走進南漢普頓醫院，絕對不怕沒有病床，漢普頓的居民都負擔得起最好的醫療照護，更重要的是，這些富豪大可遠離疫情熱區，讓幫傭去承擔染疫的風險，而這些幫傭連拒絕的本錢都沒有。

「太慘了。」我嘆氣道。一想到竟然有人犧牲年長的幫傭，我就覺得胃裡一陣噁心，但這並非什麼稀罕的事情。

我的手機每天都收到爆炸多的保母們來訊，她們（不像我年輕、沒有家累）大多有小孩、有孫子，在疫情期間不可能棄自己的家人於不顧、提著一卡皮箱入住老闆家，老闆通常會讓她們選：一起居家隔離，不然就沒薪水。有些保母沒有能力答應，有些保母則沒有本錢拒絕。

我知道有些老闆會付給保母、管家、司機好幾個月的薪水，縱使不做事薪水也照樣支付，在絕望鋪天蓋地席捲而來的時候，這些老闆展現出了仁慈與慈悲。

但傳簡訊給我的保母，大多在黛凡和希奧的鄰居底下幫傭，這些保母被迫留在紐約自生自滅，沒有機會來漢普頓避瘟，收入來源也完全斷絕。

我老闆付了我兩個星期的薪水，後來說不知道疫情會持續多久，就把我打發走了，說疫情結束之後再說。這是一位勤奮的保母傳給我的，她叫蘿莎，已經幫現任老闆帶孩子帶了兩年，在疫情肆虐之前，她每天的班表是早上八點到晚上六點，但蘿莎都會工作到七點，無償多工作一個鐘頭，爲的就是確認老闆家一塵不染。蘿莎今年七十二歲，想找工作也沒得找。另一位保母則跟我說：芬妮，我還是天天出門上班，我老闆人很好，都幫我叫好Uber，讓我從皇后區搭到上東區。這位保母年近七十，免疫力低下，靠領薪水過活，而她口中的「老闆」不用上班，又只有一個小孩，說她

「人很好」算是恭維話了。

「芬妮，晚餐想吃什麼？」黛凡問我。「希奧可以煎牛排。我們也可以叫外送。」

「都好。」才說完，小蕾又在吼我的名字了。

「芬妮，」她哭喊道：「還要上多久？」

「蔻黛麗雅，妳最愛吃什麼點心？」老師在Zoom上問，一位六歲的小朋友回答最愛吃酪梨吐司和鍋巴，接著大家又開始做開合跳。

「再一下，」我用口形示意，小蕾立刻爆哭。「再一下就好，拜託。」我實在懶得跟她吵了。

像這樣工作與生活不分已經四個星期了，我既疲憊又恐慌，儘管身邊就是大小老闆，我卻還是孤單寂寞覺得冷，明明我老闆才問我晚餐想吃什麼，其他老闆則大多只圖自己方便把保母打發走，我只是在這裡待得不耐煩罷了，比起其他保母，我的遭遇已經算好了，究竟還有什麼好抱怨的？

但我想念紐約。我想念朋友。我想念自己的床鋪。那有什麼關係？反正都住進老闆家了？我捫心自問。生活停滯不前也不是一兩天的事了。

「嘿，妳等一下要煮蛤蠣嗎？」

希奧從房間探出頭來，黛凡已經連續三天通宵趕工，剛剛逮到時間休息，看上去一臉疲憊，彷彿可以在牛排刀上倒頭就睡。

「晚餐可以叫外送嗎？我訴訟摘要還沒寫完，午夜之前要提出去，晚上沒力氣再洗碗盤之類的了。」

希奧的失望全寫在臉上，嘟囔了一句：「隨便妳。」

他竟然問黛凡晚餐要吃什麼？這眞是太荒謬了！問得出口已經很可怕，但更可怕的是——希奧從來沒想過問這種問題有多麼不得體。要說做家事吧，黛凡做得比他多，要說帶小孩吧，黛凡帶得比他勤，但他卻渾然不覺，跟全美國的男人一樣。我讀到一篇報導，說是在疫情期間，只有百分之三的媽媽認爲丈夫教小孩的時間跟自己一樣多。說實話，百分之三已經比我預期的還高了。

我忍不住想：這波疫情爆發時，如果我還是小孩子，我媽不知道會過上怎麼樣的日子？十歲那年，我的鏈球菌咽喉炎反覆發作，整個學年病倒了九次，醫生才建議我摘除扁桃腺，症狀就不藥而癒。記得每次發作，都是我媽在家陪我，我不記得哪次是我爸陪我去看醫生、餵我吃抗生素、載我去麥當勞喝奶昔，我甚至連要他陪這樣的念頭都沒有過。

黛凡的遭遇就是我媽當年的遭遇——偌大的壓力、過多的要求、失衡的親職分工，無論高矮、胖瘦、膚色，女人在家庭裡就是比男人辛苦，這不是疫情造成的，疫情只是讓世人認清這個現實罷了。

「芬妮，我們明天可以去妳的池畔小屋看電影嗎？」小蕾問。

明天是星期六，我不用上班。換作平時，每到週末我們就各過各的，他們在曼哈頓東邊，我在曼哈頓西邊，小蕾待在親子友善的上東區，我則在西村玩遍夜店，在蘇活區的小餐館吃晚餐。

我之所以不想當居家保母，原因就在這裡：小孩子不懂什麼叫下班，尤其保母就住在草坪對面。在疫情期間，黛凡一家對我來說不僅是工作職責，而是完全融入我的人生。

「好哇。」不然我還能怎麼回答？小蕾立刻爆出一陣歡呼。

過了一會兒，希奧出來了，黛凡請他照顧一下小隻，她去一下洗手間，希奧才答應完，立刻癱在沙發上滑Twitter，短短九十秒，小隻就把（不曉得誰的）紅酒杯砸在地上，當下我正在幫小蕾梳頭髮，雖然立刻警告希奧，但最後收拾殘局的還是黛凡。

我一直覺得幫人家帶小孩等於闖入人家的家庭，一不小心就會知道太多內幕，尤其黛凡跟我情同姊妹，我們住在同一個屋簷下，疫情期間大家又都不太出門，他們全家的生活就攤在我的眼皮子底下，很多不該看的都讓我看到了（甚至捲入其中）。儘管我不知道黛凡身上穿的是哪一套內衣褲，但我都曉得她衣櫃裡的所有款式。吃晚飯時，如果希奧和黛凡因爲芝麻綠豆大的小事吵起來，我就會悄悄離席跑回池畔小屋——雙頰因爲尷尬而滾燙，心裡一直想：我沒必要知道人家的私事。但住進黛凡家之後，什麼是公？什麼是私？早已想分也分不清楚，大家都住在一起，成爲混亂的幸福大家庭。

「好了，芬妮，可以下班了，」黛凡把地上的紅酒擦乾淨之後，說：「抱歉又讓妳工作那麼久。」

我看了一下時鐘。整整十二個鐘頭。

「我先哄小孩上床，哄完再準備晚餐。一個鐘頭之後回來吃飯？」

不然我還能去哪呢，我心想，但只回答了一句：「好啊。」

我把狗兒叫過來一起離開，很高興終於下班了。走過草坪時，我抬頭看了看冷冷的四月天，納悶這是從什麼時候開始的？我的人生怎麼好像變成別人的了？

「小蕾！快點！跟我來！」

池畔小屋的窗外傳來一陣騷動。時間是星期六早上八點鐘。漢堡包聽見兩隻的聲音，立刻衝到門邊。

「回來睡覺。」我要漢堡包別吵。

小蕾要睿司騎上越野車，接著就聽見兩隻出發的聲響，漢堡包也聽見了，開始求我放牠出去。

「漢堡包！躺好！」我大叫，但狗兒不聽使喚。

兩隻繼續鬧，狗兒繼續叫。一分鐘後，我聽見紗門開了，兩隻一邊竊笑一邊要對方安靜，接著「哇」一聲，「哈哈哈」一陣爆笑。我的週末感覺就這麼完了。

睿司和小蕾賴在我的床上看《史酷比》，看到一半，我的手機突然響了，我雖然嚇一跳，但很興奮看到愛麗莎打給我，我們已經好久沒聯絡了，我一直想關心她一下。

「哈囉？」

「史蒂芬妮？」愛麗莎的聲音聽起來很虛弱，看來這次久別重逢不像我想像的那樣歡天喜地。

「妳還好嗎？」

不過幾分鐘的時間，愛麗莎就把來龍去脈一五一十說給我聽，跟我先前聽到的大同小異——幫忙帶了好幾（十）年的小孩，平常保母要顧孩子的肚皮、孩子的衛生、孩子的安全，疫情爆發之後，輪到保母請求老闆以忠誠相待，但換來的卻是失望。這些富豪家又不是沒錢請幫傭，只是不想請罷了。

「老闆說如果不能通勤上班，就不能繼續請我。我有糖尿病啊，史蒂芬妮，搭地鐵也好、坐公車也好，我都得賭上性命。我跟老闆拜託，老闆說：『愛麗莎，很抱歉。眞的沒辦法。』」

「可以申請失業補助嗎？」

「不行，」愛麗莎哀嘆道：「因爲我都是領現金，我在這裡是非法勞工。」

愛麗莎說著說著，嗓音都啞了，聽得我心都碎了。想想看：愛麗莎多疼她帶的孩子啊！幫凱瑟琳編辮子、幫凱瑟琳削水果。凱瑟琳一家住在上東區，樓高三層，外牆是天然褐石，在亞斯本還有一棟渡假別墅。凱瑟琳的尿布濕了找愛麗莎換，膝蓋擦傷了找愛麗莎貼ＯＫ繃，要睡覺了找愛麗莎講童話故事。爲了照顧別人家的孩子，愛麗莎犧牲了自己與家人相處的珍貴時光。

跟老闆同住雖然不幸，但我至少沒丟掉飯碗，雖然沒有因爲疫情賺的比較多，但也沒有因爲疫情賺的比較少。我的生活一切如常，但大多數人都被疫情鬧得天翻地覆。像愛麗莎這樣的鬼故事還很多：有些老闆一毛資遣費也沒給、直接開除保母，有些管家和奶媽去到老闆家才發現人去樓空，這些平時領現金的幫傭沒辦法申請失業補助（連就業紀錄都沒有，哪來的失業呢）。

老闆們出城躲到別墅裡避瘟去了，這些幫傭回到哈林區、回到法拉盛，在公寓裡想辦法活下去。少數僱主（例如紗夏）在出城期間讓幫傭回家陪家人，而且薪水照付。但世界上有多少像紗夏這樣的僱主呢？實在是太稀少了。

30　回家

我坐在乘客座，莉荻亞開著她那輛Ford Focus，漢堡包趴在我的膝上，莉荻亞的開車技術有夠爛，搭她的車簡直比新冠病毒更要命。

「妳手上那是什麼？」莉荻亞問。

我低頭看了看，有一塊紅紅的，很淡，差不多都洗掉了。

「原本是一個愛心，」我指的是手上的臨時紋身：「小蕾幫我用的，她自己也用了一個，還在我的愛心底下寫了ㄅㄅㄇ。」

「ㄅㄅㄇ？」

「棒保母。」

我們停在爸媽家門前，那是一幢牧場式房屋，這次回來我發現外牆漆成了兩個顏色，想必是我爸的傑作。他一直想著手改造房子，肯定是漆到一半不想漆，因此才有眼前這幢雙色住宅，門前還有個漆成籃球的信箱，美國國旗在屋頂飄揚。

我們才把我的J. Crew旅行袋搬進玄關，我媽那三條狗立刻跑來抓客廳的窗戶。我爸媽家的地板上都是灰塵，我怕弄髒旅行袋，就叫我妹「把行李擺到地毯上」。前腳才進屋，我爸就要出門了。

「嘿，傻妞，歡迎回家。」說完他就不知上哪兒去了（我猜八成是Dunkin' Donuts甜甜圈店）。

「路上還好嗎？」我媽問莉荻亞。

「哇，一路上妳只撥了五通電話呢。」我說，我媽立刻朝著我皺眉。

我媽跟我有時候會一連好幾個月都沒有聯絡，但也都無所謂，可是，莉荻亞只要超過四個小時沒消沒息，我媽就會很焦慮。

「史蒂芬妮，妳可真好心，還回來看我們這些鄉巴佬。」

「就是說啊，本來應該再早一點回來，但是家裡總要有人有工作吧。」我說。

「對啦對啦，妳就跟那家有錢人天天吃高級外賣，」她奚落道，我翻了個白眼，但沒上她的當，所以她再接再厲：「我們這裡沒賣一客兩千五的牛排，我想妳還記得達美樂的滋味吧？」

老實說，我在曼哈頓常常一個人點達美樂的起司麵包來吃，我差一點就要說出實情，但話到嘴邊還是吞了一下，讓我媽愛怎麼想就怎麼想吧。

「看妳的樣子，都沒在吃東西吧？實在不曉得妳去達美樂要吃什麼。」我說。

「用不著妳來擔心，史蒂芬妮，」我媽驕傲地說：「我就只吃一片披薩。」

漢普頓封城封了三個月，我回到家才發現外面的世界發生了好多事，完全在我的意料之外，雖然也沒有比我意料的多出太多，但確實超出我在黛凡家後院的所見所聞。我執意想買一輛車，這樣週末就可以開回紐約，或至少開去海邊或咖啡廳散散心。雖然還不確定疫情結束之後車子要怎麼辦，但我決定先買再說，畢竟搭大眾運輸工具感覺不太安全，所以起初我覺得：買車實在是情非得已。

「你看了我寄給你的表單了嗎？看我寄給你的那份就好。Mini的價錢好划算。」我爸一回家，我立刻纏著他。

我爸從小玩車玩到大，車子的價錢好不好，他看一眼就知道。我從來沒有花過大錢，超支對我來說壓力很大，所以就算要買車，也絕對不能超過我任性訂定的預算。

「哇咧，白痴耶，」我爸嘆了口氣，「老婆，來看妳女兒寄這什麼東西給我。芋仔和蕃薯都不會分啦。」

我正想幫自己說幾句話，我爸就指著那兩個字——手排。

嗯……

「我可以學怎麼開啊。」我聳聳肩。我爸說我肯定學不會。

我硬拗了一分鐘，還是投降了。

到了車商那邊，我爸想辦法幫我談一部自排的Mini Cooper，但銷售員不肯讓價，最後我還是照原價買了，雖然高出我的預算，但我爸向來無視預算，好說歹說勸我買下來。

「芬妮，這輛車沒什麼開過，只比妳預設的多出十六萬，買啦買啦。」

「爸，」我嘆氣道：「這樣每個月得付一萬一耶。」

「妳又不是付不起！」我爸抱怨道：「只賺不花，幹麼呢？」

就是因爲這種想法，所以我爸的財務狀況才會一團糟。不過，我很少揮霍，而且我知道這輛車會帶給我快樂。一個鐘頭後，我在文件上簽字，滿懷期待等候交車，可是銷售員再回來時，卻捎來了壞消息。

「我們沒辦法讓您貸這麼多，」銷售員說：「您的學貸太高，銀行那邊沒辦法再增貸。」

「那我頭期款多付一點，」我執意要買：「十六萬不行，那就二十萬？二十五？」

銷售員滿臉堆笑，笑中帶著歉意：「基瑟小姐，不好意思，我們眞的沒有辦法。」

我跟他說沒關係，別擔心，不是他的錯。「你們這邊有三十萬出頭的車款嗎？」我問。

銷售員快速敲了敲鍵盤，接著把電腦轉過來讓我看，螢幕上是一輛Nissan Rogue，二〇〇九年車款，配備豪華，哩程數九萬五，開價二十二萬，買了之後一定開不到兩年。我正準備開口要求（光想就覺得悲哀的）試駕，我媽突然插話。

「車貸我也一起簽。」她說。

我媽全程坐在角落，戴著帽T的帽子，一如往常一語不發，老實說，我根本忘了她也在場。

「眞的？」我跟我爸異口同聲道。

我媽點點頭，伸出手，說：「文件給我。」

銷售員把文件遞過來，我們一邊往外走，我媽一邊讀。「BMW是Mini的製造商？」我媽問。「這什麼意思你曉得嗎？我有一輛BMW耶！」

這話把我們都逗笑了。我連頭期款都還沒付，有個屁咧。

「說正經的，我眞的很感激妳幫忙，」車子駛上高速公路，我向我媽道謝：「妳眞的幫了我大忙。」

「哎呀，我知道妳很講信用，」我媽說：「再說了，上大學就上大學，不該吃那麼多苦頭。妳每個月學貸都按時繳，他們還想怎麼樣？」

聽到我媽這麼說，感覺眞奇怪。儘管我們這輩子都不可能像一般的母女，但有好幾次我連開口都沒有考慮過，她就自己跳出來幫我解圍，像這次買車就是。

我們此生或許都不會像我所希望的那麼親，但她的心一直都在，而且眞心實意爲我好。我媽這一生也未必輕鬆，而我卻從來沒想過或許她已經竭盡全力，我很慚愧自己居然長到這麼大才想通。不過，成長本來就不簡單，如實接納他人更是難上加難。

31 只能吃小塊的

泰德在露臺上跑來跑去，突然絆了一下，雙膝著地。我屏住呼吸，心裡明白跌倒只有兩種情況，並暗暗祈禱是比較不嚴重的那種。

「沒事吧，德德？」我問。

泰德自己爬起來，拍一拍手上的泥土，彷彿什麼事都沒發生過。「肥事，芬芬，」他宣布：「肥事。」

我走過去把他抱起來，看看有沒有擦傷。我一邊檢查他的胖胖手和胖胖腿，一邊感受到他灼熱的目光。確認都沒事之後，我看著他的眼睛。

「怎麼？」我問。

泰德指著院子另一頭的池畔小屋。他開始把我和我住的池畔小屋，跟我藏在裡頭的垃圾食物聯想在一起。無論想吃什麼甜食，泰德一律只說兩個字。

「餅乾？」

「想吃糖果？」

「耶！」

「好，好，」我們一邊散步過草地，我一邊跟他說：「只能吃一塊喔。」

一想到糖果，泰德就滿心幸福，笑得嘴都合不攏。我一推開前門，泰德就拍拍小手，跟糖果櫃打招呼。

「芬芬，一塊。耶，一塊。」說著他豎起了三根手指頭。

我一面拿糖果給泰德，一面看著小蕾和睿司在偌大的草地上奔跑。黛凡這間別墅位在布麗姬漢普頓，院子裡有兒童池、標準泳池、越野車、鞦韆，還可以玩充氣城堡、腳踏車、滑板車、空中飛索。他們眞是世界上最幸福的小孩，不曉得會不會身在福中不知福？

「小朋友，集合嘍，」我喊道：「要去艾索家了。」

紐約已經逐漸解封了，可以在戶外開同樂會，讓兩隻大的跟朋友玩上兩個鐘頭，這眞是謝天謝地，而我更感激的是終於能在平日見到跟我同年紀的大人。之前在紐約，我跟米娜幾乎天天碰面，讓兩家的小孩子玩在一塊，但現在沒辦法想約就約，也沒辦法時時跟大人互動，不能逛博物館，也不能在Shake Shack漢堡店吃午餐，就連中央公園都像前世記憶一樣遙遠，每天就是那四面牆壁，陪著這三隻玩著同樣的玩具和遊戲，本來帶小孩最棒的地方就是隨興，現在卻變成電影《今天暫時停止》，人生像跳針一樣一成不變。

「艾索，快來，」我們才剛停好車，米娜就喊道：「我們的朋友到了！」

小蕾和睿司衝下車，跑進廣闊的豪宅裡，大孩子們立刻玩在一起，米娜出聲逗泰德，泰德把臉埋進我的襯衫，放聲大叫。

「哎唷，這麼壞，這隻很壞喔？」米娜問。

我馬上說他一點也不壞（其實壞透了，但我打死不承認）。

米娜搖搖頭：「妳最疼這一隻。超級超級疼。」

「我都一樣疼。」我撒了個天大的謊。

泰德是我第一個從襁褓拉拔大的孩子，每天我花在三隻身上的時間都一樣，比起小蕾和睿司，泰德的性格好不到哪裡去，老實說，甚至還更差，動不動就尖叫，一天到晚肚子餓，自從學會說不之後，就成天「不不不」個沒完沒了，但我百分之百愛著他，這跟我對小蕾和睿司的愛很不一樣。我也愛小蕾，我也愛睿司，但我就是更愛泰德，我忍不住想：我媽之所以偏心莉荻亞，或許也毫無來由，而非精心算計的結果。

睿司和艾索跑過後院，跑到果嶺那頭去了。這幢豪宅是租來度過六月的，總共有八間臥室、七間浴室、一座游泳池、一個火坑、一座籃球場。小蕾去找桑茉玩了，桑茉是艾索的表妹，也來這幢豪宅避暑，整個家族共同出資，租下這幢月租將近一百萬的豪宅。

桑茉的保母麻姬跟米娜一樣是新移民。麻姬住在皇后區，但希望很快就能退休回家鄉尼泊爾。桑茉很仰慕痲姬，痲姬看起來也很疼愛桑茉。

「桑茉，妳跟小蕾想游泳嗎？」痲姬問。

小蕾游起泳來跟魚一樣，不僅一口答應，還慫恿桑茉一起下水，泰德跟我在游泳池畔找了個地方坐下來，他躺在我的膝上吃餅乾棒，一起看兩個姊姊比賽水下憋氣，比了三次，都是小蕾贏，贏了還一直炫耀，桑茉的爸爸從屋裡走出來幫女兒加油打氣，桑茉雖然又輸了一回，但看到爸爸鼓掌，立刻綻開笑容。

「最近怎麼樣啊，史蒂芬妮？」桑茉的爸爸問。

桑茉的爸爸叫布魯斯，我只見過他兩次，都是這幾個星期在這間豪宅碰到的。布魯斯是典型的上東區老爹，風流倜儻，衣品超凡，年薪一千六百萬，就是個有錢屁孩。

「小孩都還聽話吧？」他問。

我們稍微聊了一下三隻究竟比兩隻難帶多少。

「話說妳大學念哪裡？」

「愛默生學院。」

「喔，我大學也在波士頓念耶。我是哈佛的。」他說。

他們哪一個不是哈佛的？

等我們聊完，不知不覺已經過了十分鐘。我走回後院另一頭找我的保母朋友們，順口提了一下剛剛聊天很愉快。

「跟布魯斯先生嗎？」

我說：「對啊，跟布魯斯先生。」麻姬嘲笑我看走眼：「布魯斯先生才不是什麼好人，天天要我對他的孩子視如己出，但他從來沒把我當成家人看待。」

我問她什麼意思？麻姬一臉不悅，米娜幫忙解釋。

「昨天晚上，布魯斯先生烤肉，我跟麻姬一起下樓吃，伸手就要夾牛排，布魯斯先生出聲喝止，說我們的不一樣，接著拿出兩片肉，超小塊，說大塊的是給其他人吃的。」

我過了一陣子才會意過來。明明是同一個人，剛剛跟我聊天還好好的，怎麼對幫他帶孩子的人這麼輕蔑？我記得清清楚楚：我請朋友來訪時，希奧做了滿桌我愛吃的菜，每次黛凡出門採買，回來總會在冰箱裡冰滿我最愛喝的飲料。

「但艾索的爸爸後來有跟我道歉，說很不好意思布魯斯先生這樣對待我們。妳也曉得艾索的爸爸媽媽從來不會這樣。」米娜補充道。

道歉根本於事無補。艾索的爸爸眞丟臉，沒有當下站出來力挺自己兒子的保母，反而事後才道歉。艾索的爸爸口口聲聲說大家就像一家人，但卻允許親友對自己的家人這麼刻薄，眞是可恥。同樣的事情不曉得在米娜和麻姬身上發生過多少次？常常害她們覺得遭受排擠、低人一等——不過就是個幫傭，哪値得當人看呢？此時此刻，全美各地多少人走上街頭抗議、聲援有色人種，怎麼漢普頓還是上演同樣的戲碼？

「眞的很抱歉。」我終於吐出這麼一句。

這麼多年來，我都在假裝上流，努力混進頂級富豪圈，但人不可貌相，我永遠無法躋身頂級富豪，也不再確定自己還想不想晉升上流。

我們坐在玻璃自助餐桌旁，陣陣鹹香從廚房飄出來，飄散在這棟聯排別墅一層一百一十坪的空間裡，兩位女僕忙進忙出，端出炒蝦、煙燻紅椒香腸、芒果莎莎醬、貌似起司的食物，全用漂亮的瓷碗裝著。我把餐巾鋪在膝上，環視整張餐桌：四個寶寶，兩位年長的保母，兩位全職貴婦，還有我。

「生日快樂！麗姮！」我耳邊爆出一陣歡呼，一位女僕將寫著「2」的皇冠戴在麗姮金色的鬈髮上。

「大家請用。『墨西哥烤牛肉塔可』是麗姮的最愛，她好開心可以跟好朋友分享喔！」

我看了麗姮一眼，她正好把塔可撥到盤子外面。

「來，泰德。」我一邊說，一邊餵他吃炒蝦，他掄起拳頭朝著叉子猛揮。

「不不不！芬芬！不！雞怪，拜偷。」

我解釋說這裡沒有雞塊，泰德又是一陣猛揮，險些揍到我的嘴巴，我在內心祈禱他別耍脾氣，現在才中午十二點二十五分，等一等還要午睡呢。

「好好吃喔，嬌蒂，」一位貴婦說：「都是妳親手做的嗎？」

嬌蒂是麗姮的媽媽，而麗姮則是睿司的朋友的妹妹，在場四個寶寶都是初次見面，但在疫情期間，漢普頓的貴婦圈也學會將就，看誰有空就邀請誰。

「喔，天啊，怎麼可能，」嬌蒂呵呵笑道（天曉得她在笑什麼）：「跟妳說，整個夏天客人來來去去，一下子這群朋友來，一下子那群朋友來，我整天在廚房裡忙得團團轉，最後我老公說：好了，夠了，妳想招待客人可以，但請個廚師吧？結果妳猜怎麼樣？我還眞的請了，因爲妳也曉得，我實在忙不過來。」

嬌蒂家只有六個傭人，而且收入如流水，當然沒辦法下廚招待閨密吧？啊，光想就覺得頭好痛啊，只能送上滿滿祝福了。

「不管妳請的是哪一位廚師，優秀就是優秀，煮得眞好吃。」

「我再把她的聯絡資訊給妳。老實說，她的價格很公道，請她絕對不會後悔。」

泰德開始坐不住了，幸好嬌蒂即時端出巧克力甘納許蛋糕，上頭寫著麗姮的名字。看到等一下有點心可以吃，泰德又安靜下來。大人把蛋糕擺在麗姮面前，她一邊捶蛋糕，大人一邊拍照，少說也拍了幾百張，等到她捶完了，女僕將整塊蛋糕扔進垃圾桶裡。

「我們廚師特地烤了這塊蛋糕來擺拍，等等還有杯子蛋糕可以吃。我不喜歡浪費，但人家不是說了嗎：快門一按，回憶永傳。」

我也跟著大家笑了幾聲，心想：是快門一按，戶頭減半吧？

車子開進大門，駛入漫長而蜿蜒的車道，一架白色攝影機一路跟拍，我開過長草，經過一片剛剛修剪過的草坪，終於開到一棟壯麗的宅邸門口，這棟宅邸美到曾經上過《建築文摘》，外觀跟我目前去過的豪宅十分雷同，只是中間竄出一棵箭袋樹。箭袋樹生長在乾燥的納米比亞，而眼前這棟八億豪宅居然圍著這棵奇樹建造，這東西要是不會飛天遁地，我鐵定會大失所望。

「記得拿背包。」我提醒兩隻大的。我們停在一排豪車旁邊：兩輛奧迪、一輛Range Rover，還有我們的賓士。

「今天有冰淇淋車嗎？」小蕾問。

「沒有。星期五才有。」我說。

大多數的美國家長此時都面臨了兩難——是要辭掉工作在家顧小孩，還是要讓孩子冒著染疫的風險去參加夏令營。至於漢普頓的家長，則面臨了截然不同的困境。

「怎麼辦？」他們面面相覷，「我不想讓孩子錯過社交活動，但又擔心孩子染疫。」

這些家長的財富足以叱吒紐約，只要動用人脈錢脈，一下就變出我載小蕾和睿司來參加的豪宅夏令營——六個家庭輪流提供自家豪宅作爲營地，讓孩子可以如常度過夏天。家長請來了輔導員和專門教練，豪宅裡有泳池、熱水池、私人海灘、充氣城堡，輔導員負責規畫營隊主題，帶孩子去觀賞動物，而且天天頒發獎品，整個營隊豪華爆表、荒謬至極。

「這星期可以找嬡法開同樂會嗎？」小蕾問，我們正在走去豪宅的後院。嬡法是星期五美式餐廳創辦人的孫女，個性很瘋，不太受控，我不喜歡小蕾跟這種小朋友玩在一塊。

「好，我來問嬡法的保母。」我要小蕾放心，她和睿司就跑遠了。

我很好奇十五年後這些孩子會長成什麼樣的大人？大多數的孩子只能居家隔離的時候，這些孩子卻照常生活，彷彿世界沒有停擺似的，如此優越又如此幸運，將來如何培養韌性？又該如何學會務實？儘管我無法想像，但我想的未必就是對的。或許用財力保護孩子免受病毒或殘酷的現實摧殘，孩子就可以慢一點長大，好好享受童年，成長不用急，慢慢來就好。

泰德伸手擋了一下太陽，：「芬芬，走？回車車？」他問。

「好喔，小朋友，我們回車上。」

我大喊小蕾和睿司，跟他們說下午見，小蕾敷衍地揮了揮手，但睿司張開雙臂飛撲過來，給了我一個大大的擁抱。

「我會來接你。」我告訴他。

「好。」睿司語帶懷疑，但還是乖乖走回空蕩蕩的鞦韆上。

我準備離開，睿司又喊我。「怎麼了？」我轉身問道。

「我愛妳。」

我也愛睿司，怎麼愛都不夠。

32 情比姊妹深

疫情爆發前幾週，我聯絡了萊菈。我加入女性寫作團體，重拾擱置多年的筆桿。起初是爲了交朋友而寫，同時也是爲了動一動腦筋（畢竟帶小孩都不用頭腦），但漸漸地，我寫出了這本書的雛形，而且也感覺到整本書正在慢慢成形，我知道我需要徵求萊菈的同意，無論我們現在還算不算朋友，沒有她就沒過去的我，她是我人生中缺失的拼圖，要談我的故事，那就勢必會扯上她。雖然沒頭沒腦去打擾很尷尬，但我總覺得還是應該知會她一聲。不過就是一封簡訊，我打了又刪，刪了又打，重打了不下數十遍，終於——在冷戰兩年之後——我鼓起勇氣，按下傳送。

而今，我們在羅德島州重聚，漫步在青春時期走過的街頭，雖然旁觀者說不清、當局者更是迷，但我們一碰面，就彷彿一秒鐘都不曾分開過。

不過，一直走路實在很無聊，我們決定點瑪格麗特來喝。

過去幾年，我聽朋友說萊菈的日子過得再好也不過，他們秀給我看萊菈的照片，有在厄瓜多渡假的，有在加勒比海駕船的，照片上的萊菈看起來無憂無慮、青春美麗，我掙扎著想：我的生活和她根本不能比。萊菈有說不完的旅行趣事，還可以分享在新創科技公司的經驗，我要拿什麼跟她聊？自從我們鬧翻之後，我成天與幼兒爲伴，談了一場又一場短命的戀愛。我究竟是害怕跟萊菈碰面呢？還是沒臉跟萊菈碰面？

至少恢復交情吧？我告訴自己：不要留疙瘩。

「拜託，」我聽萊菈親口訴說過去幾年過得很煎熬，立刻回她：「我有看妳的社交媒體，疫情爆發之前，妳每個星期都有夜生活啊。」

沒錯，我就是嫉妒。這幾年我努力工作、用力存錢，如今回顧，卻發現自己沒做半件「啊！幸虧有做」的事情。萊菈的生活向來比我的精采。我們認識的時候都還年輕，她卻已經看過大半個世界，如今我們都大了，她的見識依然比我廣。

「事情沒那麼簡單。」萊菈頓了一下才回我。

「我哪知道，」我跟她唱反調：「眞要說的話，百慕達怎麼看都很好玩啊。」

萊菈點點頭。「過去幾年眞的玩得很開心，累積了許多美好的回憶，但ＩＧ上的未必都是眞的，比方說厄瓜多的照片吧，那趟旅行眞的很妙，但頭兩天我朋友忙得不可開交，她是厄瓜多人，住在首都基多，我陪她去看牙醫、找裁縫、探望堂表兄弟姊妹，根本沒什麼玩到，」萊菈接著說：「還有卡茨基爾山對吧？我全程都在跟男朋友吵架！」

我花了一點時間才反應過來：眼前的萊菈跟平常不一樣，我看到了她脆弱的那一面。萊菈向來是完美小姐，個性討喜，聰明又有趣，明明看起來很害羞，卻有辦法牢牢抓住全場的目光，這眞是難得的才華。我們久別重逢的那天晚上，我終於曉得過去兩年萊菈過得有多慘。她和媽媽完全失聯——萊菈媽故態復萌，跑去佛羅里達搞失蹤，全家人都活在她缺席的陰影裡，想走也走不出來。此外，萊菈找到行政助理的工作，但努力了兩年，卻沒有獲得升遷。我只顧著擔心要怎麼拿出自己最好的狀態，卻沒留意到萊菈眞實的樣子。

接下來幾個鐘頭，我們彼此交換最近的生活，萊菈說自己過得渾渾噩噩，生活壓得她喘不過氣，她忘了自己本來的模樣，忘了初衷，忘了最初的追求。萊菈是我見過最有自信的人，怎麼會這麼氣餒呢？

「這麼多年來我都在天人交戰——一邊是我的出身，一邊是我的現況，而我在中間糾結；可是妳一直都很了解自己啊。」我說。

我眞是蠢到家了，竟然還擔心萊菈會怎麼看我？她從來不曾對我指指點點，我們是彼此肚子裡的蛔蟲，從小家裡亂七八糟，家庭成員各種失能，我們卻還是好好長大了。

成長過程中，我看著萊菈交朋友、談戀愛，但對方卻不曾認識眞正的她，在這些人面前，萊菈會沖淡本色，但總是演不久。我偶爾會想：萊菈總是愛上不對的人，是不是為了尋求搭乘雲霄飛車般的快感，好讓她分心不去管人生中更大的難題？反正她也管不了。

不論名氣、不論出身，接受自己是所有人的難題。我用不著向萊菈證明自己過得比她好，我只知道有她在，我的人生會更圓滿。

「我二十七歲了，人生突然卡關，家裡雞飛狗跳，戀情告吹，朋友一年比一年少，心裡覺得很幹，接下來要怎麼辦？這種感覺妳懂嗎？會不會過去我都做錯了？我不知道！」

萊菈說完，我才驚覺原來我的二十年華也是這樣——感覺自己一路都做錯了——說不定大家的二十歲都一樣，說不定我爸當年也是這樣（剛好就是我現在這個年紀，卻有四個小孩要養），搞不好我媽也一樣（二十八歲淪為單親媽媽，獨自撫養三個小孩），或許就連黛凡（在不流行早婚的時代早婚之後）都懷疑過自己的決定。

也許根本無所謂對錯。也許我過得其實還不錯。

33 無齒之徒

夏天的尾聲，我們回到紐約。接下來幾個月，整座城市彷彿只剩空殼一般，時代廣場燈火輝煌，卻不見觀光客的蹤影，食品發放站大排長龍，人潮排到大街上，在寒風中一等就是好幾個鐘頭，麥迪遜廣場花園附近的商家關門不做生意，就連我住的第七大道街區，原本熱鬧非凡，如今卻冷冷清清。放眼整個曼哈頓，只有一方天地運作如常——上東區。

「還有可能搬回漢普頓嗎？」某天早上，我問黛凡。

月底雀兒喜那間套房的租約就要到期了，我還不確定要不要續租。過去半年來，我每個月都掏出六萬五的租金，人卻沒住進去。

「這樣吧，只要學校有開，我們就待在紐約，」黛凡說：「如果學校沒開，我們就搬回漢普頓。」

我需要找租屋處，但就算是疫情期間，我也租不起雀兒喜的套房——一房一廳，月租就要十三萬，但病毒肆虐全球，我可不想要有室友。

「要不要來皇后區的阿斯托里亞這裡看看？只要一半的價錢，就可以租到同樣豪華的套房。就算只是看看也好。」

我對皇后區沒興趣，除了《法網遊龍》的男主角艾略特．斯特布勒之外，我不曉得還有誰住在那裡，而且我也沒興趣知道。（是說斯特布勒會法術吧？怎麼有辦法愈老愈帥！）我找了無數的藉口，告訴萊菈我沒辦法搬離曼哈頓，但愈說愈擔心自己其實只是勢利眼又虛榮。萊菈在錢堆裡長大，還不是高高興興住在皇后區？最後我拗不過，答應會去阿斯托里亞看一看，為的是證明自己還是當年北普羅維敦斯那個隨和的鄰家女孩。

我喜歡住在雀兒喜的原因很淺薄：我就是愛告訴那些不曾離家的親朋好友——我住的地方過幾條街就是紐約賓州車站，就連我那毫不憧憬紐約的爸媽也是逢人就講，在紐約念巴德學院的莉荻亞也愛找朋友來我家玩，我在紐約住了那麼久，第一次住到讓全家人引以為傲的地方。但住在雀兒喜真的有家的感覺嗎？或者我只是愛上這個地段所代表的一切？

十月下旬的週日晚上，雷雨交加，我在阿斯托里亞找到還不錯的房子，我從Pottery Barn買了全新家具，又在網路上訂了粉紅色沙發，還在客廳牆上掛滿相框：姑姑和外婆在新罕布夏州的門廊喝酒，漢堡包過生日，莉荻亞和我在倫敦（我帶她去過十九歲生日，這是她第一次出國），一點一滴，這房子開始不再只是我的財力證明，而漸漸有了一個家的樣子。我在床頭掛上安迪．沃荷的照片，聖誕節的時候，萊菈送給我一張West Elm的書桌，讓我可以坐在書桌前寫作。環顧四周，我心想：也許我終究可以學著喜歡這個地方。

「天啊！史蒂芬妮！」小蕾倒抽了一口氣：「妳看那裡！火車在地面上跑耶！」她整個上半身都在我那部Mini Cooper的車窗外，凜冽的冬風拍打她的臉頰，但小蕾似乎毫不在意，除了來看紐約大都會隊比賽棒球，小蕾不曾來過皇后區，但過去一年實在太辛苦，黛凡想好好幫睿司慶生一下。

「他第一次找朋友來家裡過夜，」黛凡說：「但他的朋友威廉必須睡小蕾的床，我不曉得小蕾能睡哪，跟我和希奧一起睡嗎？」

我說她家只有三間臥室，要睡四個小孩、兩個大人、兩隻貓，太擠了：「小蕾願意的話，可以睡我那裡。」這天我上班到六點，下班之後一起出發，小蕾從中午就開始收拾行李了。

「我們去吃點好吃的，再回家看電影，」我說：「杯子蛋糕怎麼樣？還是甜甜圈？」

「冰淇淋好了？」小蕾問：「因爲，芬妮，別忘了，我不能咬東西，我的牙齒扭來扭去！」

小蕾跟我一樣是掉牙後段班，牙仙子都拜訪過朋友兩、三次了，小蕾卻還在每天花時間一顆一顆檢查牙齒，你會看到她一邊照鏡子一邊努力想把牙齒敲下來，或者硬要把臼齒往兩邊扳。沒用。不過，終於在她七歲生日前夕，門牙開始搖搖晃晃了。

我們穿過馬路來到三十大道上的豐饒山丘乳品店，小蕾睜圓了眼睛，看著熙來攘往的人潮和形形色色的店家，並且對轉角的餅乾店發表了高見，接著又問怎麼沒看到計程車。

「這裡的人應該喜歡搭Uber吧，芬妮？」

「應該是吧，小孩。」

八點鐘回到家，我已經工作了一整天，累到只想躺下來，但小蕾連坐都坐不住，在房間裡跑進跑出，一邊跑一邊開心尖叫，丟網球給漢堡包撿，丟完又跑去檢查我的冰箱，「史蒂芬妮，」她嘆了一口氣：「冰箱裡怎麼這麼多汽水？」小蕾堅信我之所以記性這麼差，一定是因為喝了太多零卡可樂。老實說，我覺得我之所以常常腦霧，是因爲花太多時間跟她和她兩個弟弟相處的緣故。

小蕾走到陽臺上。她請我把門打開，讓她看底下的車在三十二街奔馳。從陽臺進屋之後，小蕾開開關關我家裡所有的櫥櫃，終於，她來到我的房間，停下腳步，愣了一會兒，然後看了我一眼。

「哇！」她撫著我的書桌說：「妳眞的眞的是作家耶！我們一起來寫東西。」

我瞥了時鐘一眼。八點四十三分。喔！拜託不要！我心裡雖然在哀嚎，但怎麼可能拒絕她？小蕾跟我每人有二十分鐘的時間可以寫一則故事，然後彼此交換，好不容易寫完最後一個字，我們一起到浴室刷牙，我把臉洗一洗，她親了一下漢堡包、說了聲晚安。我爬上床鋪，不愛撒嬌的小蕾依偎在我身邊，靜悄悄的。幾分鐘之後，我以爲她睡著了。

「喂，芬妮……」

「怎麼？」

「這是最棒的家！」

我笑出聲來。「妳是喜歡這個家，還是喜歡這個家裡的東西？」

「都喜歡，」她想了一下，說：「有一天我也要住在這裡。」

她哪有可能住在這種地方，但在當下，住哪裡根本不重要。小蕾雖然才六歲，就比我更有智慧，懂得怎麼讓家像一個家。小蕾喜歡我家，是因爲這是我住的地方，她在這裡有家的感覺。我知道這裡是我的家，我也應該要有家的感覺，撇除地段不論，住在這裡我不用跟人家分房租，也不用躺在室友的爸爸的表哥的沙發上，這裡的一切都是我買的、我挑的，更重要的是——都是我賺來的。

所以我幹麼覺得這地方很爛呢？因爲我在找的不是能打動我的房子，而是能打動他人的房子。

「喂，芬妮……」小蕾再次小小聲地說。

「怎麼？」

「妳覺得我牙齒什麼時候會掉下來？」

「很快，」我說：「比妳想的更快。」

這是我最後一天帶小蕾、睿司、泰德，下班之後，黛凡跟我坐在外頭開了一瓶紅酒。

「我知道妳不愛聽，」黛凡說：「但我覺得最想念妳的不會是泰德。」

我噗嗤一笑。泰德是小天使，動不動就說我是他的「最愛」，怎麼可能我離開之後，最想念我的不是泰德？

「告訴妳吧，最想妳的會是小蕾。」

「小蕾？」我詫異道。小蕾有很多特質，但排名在比較前面的並沒有多愁善感啊？

「爲什麼是小蕾？」

「小蕾不管其他人的眼光，但很在意妳跟我的看法，」黛凡停了一下，啜飲幾口紅酒：「記得有一次妳買了紮染運動套裝嗎？小蕾也吵著要買。老師問她長大要做什麼，她怎麼回呢？要當作家。」

她還指點我要怎麼寫得更好哩，我心想，但沒說出口。我的腦袋忙著回顧跟著三隻一起共度的歲月——三個又亢奮又活潑又複雜又美好的孩子。

再過幾個月，黛凡會成爲公司的合夥人，努力了這麼多年，她終於得償所願，擁有成功律師該有的一切，包括地位、影響力、股權合夥，過去不眠不休熬夜加班不再只是瞎忙，她的成就如此耀眼，手裡握著她夢寐以求的榮耀。

過去六年來，我也同樣努力，跟黛凡一樣，需要加班我就加班，也願意多扛責任在身上，無論工作碰到什麼困難，我都挺身而出、全力以赴，可是到頭來，黛凡的努力換得了回報——人生更上一層樓，準備大展鴻圖。離開保母工作的我，兩手空空，沒有加薪，也沒有任何慶賀活動。離開就是離開。離開就是結束。

34　再也不帶小孩了

我從朋友那裡打聽到工作，朋友說超級適合我，一位身價六百四十億的科技大神在找私人助理，我不確定朋友是覺得我哪裡適合，畢竟我唯一的助理經驗就是打理一批幼兒大軍，工作內容包括塗護臀霜在他們的小屁屁上。

沒想到過了幾天，對方打電話來要我去跟CEO面試，面試時間安排在晚上，不會跟我的保母工作衝突。

星期二下班後，我搭計程車到第五大道，在車上我緊張到渾身不舒服。

CEO走進來，一坐下來就——我想他大半生都這樣——開始問問題，連珠炮似的，我上一題還沒答完，他就問到下一題去了，我無法想像他究竟有沒有在聽我回答，我只覺得自己愈來愈慌張。

「所以妳沒做過助理工作？」他快速瀏覽了我的履歷。

「沒有……不過……」

「不過妳是幫這些老闆做什麼的？」我還來不及張開嘴巴，他又想到別的問題去了：「描述妳每天的工作給我聽。」

我說到一半，他又打斷，問我：老家在哪？住在哪裡？喜不喜歡？

「我在那一區有一些房產，」他說：「街道漂亮。食物美味。總之，妳會用QuickBooks嗎？」

「老實說沒用過，」我說。等他問到下一題，我知道大事不妙——我的資格不符，要從保母搖身一變成為上班族，根本是一步登天。我想繼續拿現在的高薪，或許只能幫傭一輩子。

「我們這裡就像球隊，」他說：「妳懂籃球嗎？就像打籃球一樣，所有球員和教練必須通力合作才能成事，沒有一位球員能扛起整支球隊。」

不可能吧？老天居然在我最沒想到的地方幫我開了一扇窗。雖然近期很少想到籃球，但我整個青春期都圍著籃球轉。在這精采的節骨眼上，我走進記憶的長廊，或許我當年之所以打籃球，為的就是眼前這一刻。

「除了雷霸龍．詹姆斯之外。」

CEO突然瞥了我一眼。「妳說什麼？」

「雷霸龍啊。雷霸龍一個人扛起了整支球隊，」我繼續說下去：「雷霸龍並不忠於任何一支球隊，所以頻頻換隊，但他手握四枚冠軍戒、十度闖入總決賽，他能拿下四座總冠軍賽MVP總是有原因的。」

講完之後，我不確定這位科技大神是生氣還是困惑（畢竟雷霸龍評價兩極），但接著他哈哈大笑起來。

整場面試時間不長，接下來幾題我都對答如流，充分發揮我在林肯女校學到的寶貴經驗——說服有錢人我也配待在同一個空間。

我拿到年薪將近三百萬的起薪（包含醫保），這讓我不禁覺得——自己真的配得上這個地方。

後記

我的手機整個早上響個不停，還不到中午就沒電了。不是Slack跳訊息通知，就是電話直接進來，要不然就是有人傳WhatsApp，想找我的話，寄email肯定沒用，但如果真的有急事找我，也不會用email。之前我拚命想擠進公司上班，如今願望終於成真，我過上了被訊息轟炸的生活，每天都有數不清的訊息從網路通訊平臺蜂擁而來。

扣除搭乘老闆私人飛機的八小時航程，這場研討會總共三天，我們剛從歐洲快閃回美國，參加完這場研討會之後，又要直飛洛杉磯國際機場。我現在大多數的時間都在規畫已經重新規畫過的會議，不然就是在目的地之前噴灑碳足跡。我們一到旅館，老闆就命令我去找「生酮飲食」。

「不然我是要怎麼長生不老？」他笑道。

誰想要他長生不老？禍害遺千年耶。

我出去買沙拉，年輕的助理幫老闆把行李箱裡的東西拿出來，另一位助理在訂米其林餐廳，第四位助理忙著架設電腦工作站——我們四個輪流拖著這些設備全世界跑：三臺螢幕、兩臺筆電、一臺網路攝影機、一只滑鼠、一張人體工學椅（老闆常背痛），你以爲我們四個很獨特嗎？並沒有，入住這間飯店的助理們都一樣，這就是億萬富豪參加研討會的陣仗。這麼一想，過去幾年忍耐小蕾的情緒崩潰似乎也沒那麼慘，眞要我說的話，還眞有一點懷念哩。

沒想到當行政助理跟當保母也差不了多少，需要無比的耐心、懂得察言觀色、拋棄所有自尊。以前是安排同樂會，現在是安排午餐聚會。在老闆身邊，我雖然不用切三明治的吐司邊，卻要記得伯爵茶該放幾顆糖。

我曉得自己應該要慶幸，至少我老闆還不算太過分，他雖然會對員工破口大罵，又會提出各種稀奇古怪（甚至超級沒品）的要求，但至少薪水優渥，而且福利極佳，比我慘的大有人在，有些是我聽同行說的，有些則是親眼目睹，一想到這麼不人道的對待，我的胃裡就一陣噁心。

我就這麼一路噁心到晚上，當時我正在跟一個男生聊天，他是一位避險基金經理的助理。

「他要你做過最過分的事情是什麼？」我一邊問，一邊喝第三杯波賽可氣泡酒。

「這個嘛，我剛剛不是才說過——他要助理在晚餐前幫他把服裝擺好讓他挑？」

我點點頭。

「好，有一天，助理要幫他添購新裝，大家把所有選項全都擺出來，但他一看到就抓狂了。」

「爲什麼？」

「因爲他不敢相信：我們竟然以爲他大白天會有時間試穿。所以，隔天他派我們去生產好萊塢假人替身的地方幫他量身訂製假人模特兒，以後如果需要試穿，直接拿假人模特兒試穿就好，一位助理還帶著假人模特兒搭Uber去Bloomingdale百貨找設計師，在試衣間換了好幾套衣服。」

我整個笑出聲來，但不確定是因爲好笑才笑，還是因爲聽完覺得尷尬所以大笑。

「喔，但他真的非常大方，他確實要求很多，但每年都發給我十六萬的年終獎金。」他還在滔滔不絕地說，我的心思已經飄到盤旋在我心中已久的疑問：爲什麼有錢人常常用對待下人的方式對待員工？

我喝完手中那杯氣泡酒，準備回房間休息。訂製的西裝。燦爛的笑容。亮白的牙齒。勞力士手錶。香檳氣泡酒。一路上我看到的女生，似乎都在替男生工作。這些人到底是多有錢呢？

「嘿，芬妮。」我老闆喊我，我剛走回飯店大廳，準備搭電梯上樓。

他跟兩位西裝男走過來，這三位剛剛應酬了整整一個鐘頭。「幫我一個忙，到最近的酒品店買酒回來送到我房間。我們再過十分鐘上去。」

「沒問題。」我嘆了一口氣，工作了一整天，累都累癱了，不能回床上也就罷了，反而還離床鋪愈來愈遠，太沮喪了。

「喔，可以順便買布膠帶嗎？我們要玩吊酒鬼，等一等玩的時候，妳就用布膠帶把啤酒捆到我朋友手上，」說著他頓了一下，「也買幾副乳膠手套，這樣拆膠帶的時候才不會把手毛扯下來。」

一位西裝男對我揚了揚下巴。另一位對我眨了眨眼睛。一行三人走回酒吧，準備再喝一輪。

這下子我終於想通了。原來我一直在欺騙自己。我老闆根本不是什麼好東西。我討厭這份工作。我心想：他媽的。

我一直在重蹈覆轍，而且這次不是情非得已，我明明有得選，但卻還是選錯。沒有人挖坑給我跳。也沒有人把我逼上絕境。二十歲的我出乎意料成爲保母，我雖然愛我的大小老闆，但我不想要這樣的職涯發展。保母工作讓我擺脫財務困境，但卻讓我心靈空虛。我現在不用再帶小孩了。我可以賺少一點、過得舒服一些，反正財務基礎已經穩固了。我工作大可不用這麼費力，多騰一點時間出來寫作，上班時則要有應得的尊重。沒錯，尊重。我一心想要別人尊重我，但如果我都不尊重自己，是要怎麼求別人尊重我？

過去幾年來，我滿心都是我要這個、要那個，反倒忘了手中的收穫。沒錯，我的家境並不富裕，我的起步不像我多數的朋友那麼一帆風順，但那又怎麼樣？我爸媽養育我的路上再怎麼跌跌撞撞，終究是讓我接受了比他們更好的教育、過上了更好的生活，而幫人家帶小孩則讓我有機會逐夢踏實，三十歲的我沒有家累，自由自在，生活豐饒，擁有世界上最棒的閨密——對我全心全意、一片眞心，不論我遇到什麼困難，總有人可以作伴；我有全宇宙最可愛的狗兒，最疼我的外婆，還在（私以爲）全球最棒的城市擁有一個可以稱爲家的地方。我的人生，豐盛而美好。

但我的電視劇本夢呢？恐怕還很遙遠，不過，你讀到這本書的時候，我已經離夢想又更近了一點。我決定寫信跟房東說我不再續租，不久之前，我還覺得租在這裡不符預期，但我現在懂了：只要願意捨棄多餘，我就不用拿自己的人生去成就他人。

我決定找更便宜的租屋處，爲了自己的幸福，我需要換新工作，薪水少一點，充實多一些。

我去一間小型科技公司應徵行政助理，薪水比現在的職位低，所以我必須有所捨棄，但沒關係。

看完房子之後，我在回程的路上打了一通電話給我爸媽，告訴他們我的決定。

幾天後，人資幫我完成報到，告訴我公司準時九點上班、六點下班。到職的第一個週末，我手機不離身，生怕漏接電話、簡訊，或是有行程需要重新預訂、有合約遺漏需要立刻傳眞。但什麼事也沒有。

「妳要轉運了，知道嗎。」我爸在掛電話之前說。

他說對了。

大家都說我是明證——階級可以翻轉，想做什麼就去做，有爲者亦若是。我的社交圈是我成功的證據。如果需要名醫，我知道該打電話給誰；如果需要律師，我也有熟識的優秀律師；我交遊廣闊，認識CEO，認識創辦人，認識打擊全球暖化的天才，認識每天早上刷證進Google的男士，認識寫網路程式的女士。從很多方面來看，我都是人生勝利組，但我每個月還是要還上萬的學貸，而且似乎怎麼也還不完。我開始懷疑：會不會因爲我接受了良好的教育，所以一輩子都養不起小孩？我還有一筆急診的帳單還沒付清，當時我工作超標、工時爆表，但沒有醫保就是沒有醫保。

我的人生就像玩大富翁，起步時只有五張一塊錢的鈔票，擲出來的點數又只有人家的一半，而我幫忙帶孩子的那些家長就像我的對手，起步時就有六棟房產，外加一百張千元大鈔，如果都這樣了還贏不了，那才叫做奇蹟。生活在美國儘管不公平，但我還是想辦法將一手爛牌打好、找到快樂的中庸之道。我穩穩踏在橋的中間，往左偏則不足，往右邊則過多。這是我能期望的最佳結局了。

財富教會了我兩件事，一是友情比錢財更有價值，二是尊嚴無價。這世界上唯一珍貴的，就是有人深愛著你，成功是成功，幸福是幸福，兩者未必相關。如果說我領悟了什麼，那就是俗語說得對：金錢買不到幸福，不過，如果這世界讓你認爲金錢可以讓幸福更靠近，個中道理我再清楚不過。

致謝

感謝我的經紀人Jen。遇到Jen的時候，我收到的拒絕信已經多到我連數都懶得數，對出版幾乎已經不抱任何希望，甚至差點就放棄了這則故事。

出版之路漫長而且孤獨，但是，自從我遇到Jen之後，我再也不覺得孤軍奮戰，她的回稿建議溫暖而且鼓舞人心，既具建設性又充滿善意，這無疑讓我更會寫、更會說故事，而且最重要的是——讓我更懂得與人合作。我一直希望在三十歲之前一圓出版夢，就在我滿三十歲過後兩天，我與Jen簽了約，她是我的圓夢人。

感謝我的編輯Anna和Diane。Anna讓我無奈再玩一輪《粉紅豬小妹》的痛苦有了正當理由，Diane回稿時在註解處寫下精采的花絮，因爲有妳們作伴，改稿再也不枯燥！世界上的書這麼多，妳們偏偏選中了這一本。縱使是寫謝詞的當下，我依然覺得這一切都像在做夢。

非常感謝我那小而美的行銷和宣傳團隊：Liz和Kayleigh。Kayleigh看到了這則故事的賣點，Liz則在我與Sourcebooks簽約之初就鼎力相助。

感謝參與本書成書過程的Sourcebooks成員，因爲有你們，我的夢想才能成眞。

感謝所有我帶過的孩子。謝謝露比和杭特，讓我在這個常常以自我爲中心的年紀學會關心他人。謝謝小蕾，膽大又活潑的妳總是讓我又驚又喜；謝謝睿司，你教會了我耐心與溫柔，謝謝我最愛的泰德——看著你成長是我一生中最珍貴的回憶。謝謝這些年來我有幸呵護過的孩子：Charlotte、Elizabeth、Miles、Will——和你們相處的每分每秒都讓我變得更好。

感謝所有與我並肩作戰的媽媽們：如果有一天我也成爲母親，希望能從妳們身上汲取寶貴的經驗。謝謝紗夏讓我看到母愛的無私；謝謝黛凡以務實的態度擁抱母親的角色；謝謝偉大的媽媽：妳們正在從事這世上最艱難的工作，應該爲自己感到無比自豪。

感謝我的寫作團隊：Anastasia、Norma、Louise，妳們閱讀了這些章節最初的草稿，謝謝妳們看見我的潛力，也感謝妳們引導我走上正軌。

感謝Cynthia，我在文思枯竭的時候把書稿寄給了妳，謝謝妳寶貴的讀稿建議，妳是強大的一家之母，希望有朝一日我也能有妳一半堅強。

感謝AD，你爲我打開了那扇機會之門，希望每個孩子都能獲得像我一樣的機會。但願有朝一日，我們能生活在每個孩子都有機會實現夢想的世界。

感謝ODW，感謝妳牽著我的手，引領我走過生命中最黑暗的時期。妳提醒我，縱使並非家家有本難念的經，但大多數的家庭確實都有複雜之處。無論時間過去多久，只要我撥通電話，妳永遠都在我身邊。

感謝貓咪，在我簽下第一份出版合約時送來了最美味的蛋糕。（若是講禮數的話，書本上市再送一個吧？怎麼樣？）

感謝Sara Rosie，能與妳一同成長、一起看遍世界，眞是我生命中最珍貴的禮物。我們的友誼和我們的旅行讓我學會包容、學會同情，也提醒我——我們既無所不知，也一無所知。我們的冒險讓我發現了未知，我也因此我不斷提醒自己：我所擁有的一切是多麼美好。

謝謝Lana，無論日子好壞，總是陪我喝一杯。

謝謝姑姑和外婆，感謝兩位一直替我加油。別人說我出言不遜，妳們說是幽默；別人說我難搞，妳們說我爲與眾不同。從最一開始，妳們就看出我最好的一面。妳們就是羅盤的指針，讓我從未迷航。我希望我能讓妳們感到驕傲。

感謝我們基瑟一家，這一路就像搭雲霄飛車一樣起起伏伏，即便給我整座主題公園，我還是會選擇搭上這輛雲霄飛車（吧？）——反正肯定是我前三名的選項就對了！我知道答應讓我寫出本書並不容易，但我們基瑟一家的人生還缺難事嗎？我最大的願望是，我們基瑟一家的故事能安慰那些正面對困難的讀者。還有，不管別人說什麼，爸爸，您成功了。我以身爲您的女兒爲榮。

感謝我最初帶的孩子——AI和Lid！我真的不懂爲什麼我們長得一點也不像，我們應該好好查清楚這件事。不過，即使我們沒有血緣關係，我還是好愛你們。

最後，感謝萊菈——這本書的書稿我讀了多少次，她就讀了多少次，而且（幾乎）沒有怨言。感謝妳讓我自由發揮、坦誠書寫，感謝妳接受我的好、包容我的壞，而且在我都不相信自己能出書的時候，就一直告訴我——我可以。

認識妳讓我變得更聰明、更善良、更堅強，甚至教會我怎麼正確使用遮瑕膏。因爲種種原因，沒有妳，就沒有這本書。就算我翻遍全世界，也找不到像妳這麼好的朋友。

Eurasian Publishing Group
圓神出版事業機構
用心與你對話・視野無限寬廣
先覺出版社
Prophet Press
www.booklife.com.tw reader@mail.eurasian.com.tw
人文思潮 177

我在億萬豪宅當保母：
一個底層女孩在頂層社會的窺奇與學習

作　者／史蒂芬妮・基瑟 Stephanie Kiser
譯　者／張綺容
發 行 人／簡志忠
出 版 者／先覺出版股份有限公司
地　址／臺北市南京東路四段50號6樓之1
電　話／（02）2579-6600・2579-8800・2570-3939
傳　真／（02）2579-0338・2577-3220・2570-3636
副 社 長／陳秋月
副總編輯／李宛蓁
責任編輯／李宛蓁
校　對／劉珈盈・李宛蓁
美術編輯／李家宜
行銷企畫／陳禹伶・黃惟儂
印務統籌／劉鳳剛・高榮祥
監　印／高榮祥
排　版／陳采淇
經 銷 商／叩應股份有限公司
郵撥帳號／ 18707239
法律顧問／圓神出版事業機構法律顧問蕭雄淋律師
印　刷／祥峰印刷廠
2025年2月　初版
2025年7月　7 刷

定價 390 **元**　ISBN 978-986-134-524-6　

「你不會總是得到自己想要的，但你會一直擁有自己需要的。」

——《我可能錯了：森林智者的最後一堂人生課》

國家圖書館出版品預行編目資料

我在億萬豪宅當保母：一個底層女孩在頂層社會的窺奇與學習／史蒂芬妮．基瑟（Stephanie Kiser）作；張綺容 譯.
-- 初版. -- 臺北市：先覺出版股份有限公司，2025.02
320 面；14.8×20.8 公分. --（人文思潮；177）
譯自：Wanted: toddler's personal assistant: how nannying for the 1% taught me about the myths of equality, motherhood, and upward mobility in America.
ISBN 978-986-134-524-6（平裝）
1.CST：基瑟（Kiser, Stephanie） 2.CST：褓姆 3.CST：自傳 4.CST： 美國

785.28 113020186